语文教学的回归性改革

李裕德⊙著

人民教育出版社

图书在版编目（CIP）数据

语文教学的回归性改革 / 李裕德著 . —北京：人民教育出版社，2017.3
ISBN 978-7-107-31512-1

I. ①语…　Ⅱ . ①李…　Ⅲ . ①语文课—教学研究—中小学
Ⅳ . ① G633.302

中国版本图书馆 CIP 数据核字（2017）第 057670 号

语文教学的回归性改革
作　　者 / 李裕德
责任编辑 / 王晓艺
装帧设计 / 何安冉

出版发行 / 人民教育出版社 出版发行
（北京市海淀区中关村南大街 17 号院 1 号楼　邮编 100081）
网　　址 / http://www.pep.com.cn
经　　销 / 全国新华书店总经销
印　　刷 / 人民教育出版社 印刷厂印装
版　　次 / 2017 年 3月第 1 版
印　　次 / 2017 年 4月第 1 次印刷
开　　本 / 787 毫米 × 1 092 毫米　1/16
印　　张 / 13
字　　数 / 183 千字
定　　价 / 33. 00 元

联系地址：北京市海淀区中关村南大街 17 号院 1 号楼　邮编 100081
电话：010-58759215　电子邮箱：yzzlfk@pep.com.cn

目录

第一章

中小学语文教学效果差，是谁的过错？

三十多年前，吕叔湘先生在《当前语文教学中两个迫切问题》一文中说：“中小学语文教学问题是个老问题，也是当前不容忽视的一个严重问题。中小学语文教学效果很差，中学毕业生语文水平低，大家都知道，但是对于少、慢、差、费的严重程度，恐怕还认识不足。……十年的时间，2 700多课时，用来学本国语文，却是大多数不过关，岂非咄咄怪事！……我们要搞四个现代化，可是让孩子们只用稍多于十分之一的时间学科学，而有几乎三分之一的时间用在收效不大的语文课上。这个问题是不是应该引起大家的重视？是不是应该研究研究如何提高语文教学的效率，用较少的时间取得较好的成绩？”到今天，中小学语文教学效果差的问题不仅没有解决，而且有愈演愈烈的趋势。许多人都在研究如何解决这个难题，都没有什么实际效果，可见这个问题还需要探讨。本书参与这个问题的探索，只是一孔之见，供大家参考。

当前，社会上运用语言，出现了一些混乱现象，有人认为跟中小学语文教学效果差有关，我们就先从社会上语言运用的混乱现象说起。

第一节
汉语为什么会出现混乱现象？

朱竞主编的《汉语的危机》发表之后，引起了社会广泛的重视，催生了许多谈论“汉语危机”的文章。《中国青年报》2010 年 12 月 21 日载文说，中国青年报社会调查中心对 3 269 人进行的一项民意调查显示，80.8% 的人认为我们当前存在汉语应用能力危机，另有 19.2% 的人不赞成这一说法。中国人民大学贺阳教授说到“汉语应用危机”，认为这“一方面是指人们运用汉语的能力下降，出现交流障碍；另一方面是指汉语作为母语，其本身的结构变得混乱，功能发生萎缩，进而遭遇被其他语言替代的危险。”这种危机意识是十分可贵的。人们运用汉语的能力下降，造成汉语不规范现象增加，对此我们确实应该保持高度的关注。但是说汉语本身的结构变得混乱，功能发生萎缩，会“遭遇被其他语言替代的危险”，则是言过其实了。当前，在汉语的运用中，问题主要出现在书面语里，人们的口语并没有受到多少影响，结构和功能都没有什么显著变化。口语是语言的主体，书面语是在口语的基础上发展而来的。家庭是语言最坚强的堡垒，也是语言的最后堡垒。所以对于一种语言来说，只有口语从家庭中消失，才有被其他语言替代的可能。因此汉语被替代的危险完全不存在，不值得关注。我们应该关注的是那些主要存在于书面语中的不规范现象。

一、汉语书面语运用不规范的具体表现

说汉语有危机，一定会有不同的意见。说现在的汉语书面语运用出现

了许多不规范的现象，则是不争的事实。

第一，别字大量增加。

2005 年第 7 期的《咬文嚼字》杂志上，公布了 100 个别字，如把“安装”写成“按装”，把“脉搏”写成“脉膊”，把“甘拜下风”写成“甘败下风”，把“自暴自弃”写成“自抱自弃”。该杂志常常分析、纠正别字，发现的别字非常多。

现在的电视节目中，别字常常出现。电视剧《铁齿铜牙纪晓岚》的字幕中就出现了一些别字，如把“文采飞扬”写成了“文彩飞扬”，把“刚直不阿”写成了“刚直不恶”，把“明察秋毫”写成了“明查秋毫”，把“如履薄冰”写成了“如屡薄冰”。

在互联网上，别字更是比比皆是。2011 年 10 月 29 日，我在互联网上查到“精粹”有 13 300 000 个，而有别字的“精翠”也有 3 610 000 个，好在别字比正字少。而“班师回朝”的“班师”，互联网上有 2 000 000 个，有别字的“搬师”却有 3 610 000 个，别字比正字还要多。

第二，读音错误增加。

只举一个例子。郝在今的《中国秘密战》出版之后，受到了读者的欢迎，广播电台对该书进行了广播。遗憾的是，读错了一些字音，人名就读错了好几个，如把“夏斗寅”读作“夏斗演”，把“郭汝瑰”读作“郭汝槐”，把“南汉宸”读作“南汉寰”，把“何基沣”读作“何基沛”。一向对读音管理非常严格的广播电台也出现了这样的错误。

第三，词语误用的现象大量增加。

敬一丹在《我非时尚中人》里写道：“不知为什么，如果求人帮忙做别的事，我一定会不好意思开口，但求人帮忙弄车，却张口就来，大言不惭。”“大言不惭”的意思是吹牛说大话而不脸红；求人家帮忙弄弄车，还会说大话？可见用词不当。而且“张口就来”已经表达了不会“不好意思开口”的想法，“大言不惭”就用不着了。

杨澜在采访建筑大师贝聿铭先生的《建筑与城市》中说：“1931年，婚礼在巴黎举行，还邀请吴凯声去做证婚人，但因当时适遇‘九一八’政变，吴整日忙于参加国联会议，只有礼到人不到了。”“政变”是统治集团内部的人用军事或者政治手段夺取政权，使国家政权发生变更，用在这里显然不合适。“九一八”是日本帝国主义武装侵略中国东北的事件，所以这里应该使用“事变”一词。

类似的例子举不胜举。

第四，病句大量增加。

这里只举1996年《人民日报》光盘中的例子。

对书的痴迷，已记不清始于何时。不过，儿时的我并不是一个好学生，课堂恶作剧、逃课抓河蟹，都是我曾经的历史。但进入初中时，我已是远近闻名的“书迷”了。

“曾经”是副词，不能修饰名词“历史”，造成了定语和中心词不能搭配的语法错误。“历史”用在这里，词义过大，“课堂恶作剧、逃课抓河蟹”谈不上是“历史”。这里应该是“都是我曾经干过的事”。

老兵住房难是“三难”之最。通化县以此为突破口，每个局及企事业单位包建一户老兵住房，凡是需要维修住房的，责成老兵所在村解决。县直13个局、12户企事业单位和20个老兵所在乡镇包建66户危房，共投入资金298万元。

“危房”还应该“包建”吗？动词和宾语显然不能配合。应该是“包建66户新房”或者“改建66户危房”。这是一种初级的错误，稍稍注意就可以避免。

《人民日报》一向重视语言的规范化，现在也出现了许多类似的问题。

二、不规范现象出现的语言背景

语言不够规范化，有多方面的背景。譬如说，有全民文化水平的背景，有社会发达程度的背景，有人们认识水平的背景，有语文教育程度不够的背景等。这里只说汉语发展的背景。

语言运用中出现大量不够规范的现象，与多种因素相关，主要因素是汉语的发展。我们可以从千年、百年和近十年这三个角度来看现代汉语的巨大发展。

第一，从千年的角度看，现在是汉语两三千年以来变动最大的时期，口语影响书面语言是重要的特征。

秦朝以前，口语和书面语比较接近。先秦的口语记录不多，但是可以看出，书面语言在很大程度上与口语一致，《论语》就记录了孔子和他的弟子们的口头语言。秦朝以后，书面语同口语脱节了，书面语（文言文）形成了固定的句式。人民群众的口语跟文言文分道扬镳，后来逐步形成了官话。这样一来，文白脱节便成了汉语的显著特点。近百年以来，由于反对文言文，提倡白话文，汉语的口语和书面语又逐步靠近。口语是一种“即兴”语言，随想随说，容不得仔细选择词语和句式，可以说是“忙不择词”“忙不择句”，因此有次序颠倒、用词不当、成分欠缺、重复多余等特征（这些不宜看作是语病，只能说是特征，因为任何人的口语都有这样的特征）。按口语写文章，这些特征便要影响现代汉语的书面语，于是书面语里也往往出现了次序颠倒、用词不当、成分欠缺、重复多余等情况。书面语要求通顺准确，不能容忍这些情况，人们便认为有这些问题的句子是病句。书面语的语病多，口语的影响是最重要的原因。

说到这些，可能有人不信，一些人认为口语同书面语是完全一致的，甚至把作文叫作“写话”。这是一种误解。如若不信，可以用录音机录下一段即兴谈话，然后一句一句地放音，一句一句地记下，就会发现上述的特征。再同某些病句一对照，就可以看出书面语里的病句同口语的特征十分相似，口语在影响书面语。

后面还要谈到这个问题，这里从简。

第二，从百年的角度看，现在是现代汉语书面语百年以来变动最大的时期，书面语的规范在逐步形成、完善。

用白话文取代文言文，是从“五四”前后正式开始的。鲁迅的《狂人日记》被公认是第一部白话文小说，而第一张白话文的报纸则是在苏区诞生的。白话文吸收了口语的成分和文言文成分，也吸收了一些外来的词语和句式，逐步走向规范。但是规范化是一个长期的过程，现代汉语白话文里出现了许多不一定能够站得住脚的现象，使人们感到语言混乱。这里只举两个方面的例子。

一种是介词短语框住主语，一般都认为这是病句。如：

（1）从三个年轻女人的诉苦中，证明了这一小群匪徒，正是打火车的那一股残余的匪徒。（曲波《林海雪原》）

（2）对她这个非正常的、病态的神经质动作，真使我有点害怕。（冯骥才《雾中人》）

（3）通过今天的研究，已经证明，吗啡类毒品主要是从尿中排泄。（毕淑敏《红处方》）

这三句的主语应该分别是“三个年轻女人的诉苦”“她这个非正常的、病态的神经质动作”“今天的研究”，但是主语都处在介词短语当中，使人感到句子缺少主语。这种句式，常常出现在许多著名作家的笔下，出现在报纸杂志上。它们能不能站住脚，还得看现代汉语规范化的进程。

另一种是丢掉宾语中心词的现象，一般也认为这种句子是病句。我们还是从1996年《人民日报》光盘上找例子。如：

（4）县、乡、村三级组织高度重视，及时为他解决了医疗费用，使老人得到了精心的治疗，病情逐渐好转。

（5）“八五”以来，公司有512篇文章在外获奖，有5篇获国家级奖，5篇理论文章在人民日报等报刊上发表。武钢思想政治工作研究会获全国思想政治工作先进单位。

（6）北京百货大楼张秉贵的徒弟、“一团火”传人卢秀岩，从师多年，练就称茶叶“一勺准”。众目睽睽之下，一勺 50 克、一勺 100 克，电子秤上显示出 1 克也不相差。

“医疗费用”后面应不应该加上“问题”同“解决”配合？“全国思想政治工作先进单位”后面应不应该加上“的称号”同“获”搭配？“一勺准”后面应不应该加上“的本领”同“练就”呼应？宾语的中心词都丢掉了，这种句子到处都是，能不能站得住，也要看现代汉语规范化进程。

现代汉语书面语正式使用还不到 100 年，在规范化的进程中出现一些很难站住脚的现象，是完全正常的。人们把它们当作病句，也不奇怪。这也说明，百年以来，汉语的书面语处在巨大的变动之中。

第三，从近十年的角度看，现在是现代汉语三十年以来变动最大的时期，汉语的词语变化最为剧烈。

进入了改革开放的年代，神州大地发生了翻天覆地的变化，中国已经从一个贫穷落后的国家一跃而成为世界第二的经济大国。我们的汉语，也随之而进入了最活跃的时期。

最显著的特征是新的词语大量涌现。词语总是跟着事物的产生而产生；改革开放时期的新事物层出不穷，新词语也就铺天盖地。如“电脑、环保、打造、在线、链接、软件、底线、作秀、热播、光盘、粉丝、美眉、海归、房奴、网友、黑客、下载、给力、打的、的哥、饭局、上班族、工薪族、防火墙、互联网、软着陆、风景线、考试门、晒隐私、潜规则、第一时间、大跌眼镜、数码相机、吸引眼球、捆绑式火箭、信息高速公路……”要多少，有多少！

一些旧词语，也被赋予了新的意义，如“猫（Modem，调制解调器）、菜单、窗口、帖子、变脸、打包、蒸发、平台、复制、小儿科、双刃剑……”数目也不少。

这些词语往往出现在出版物上，《新华字典》和《现代汉语词典》都收了一些。有关部门每年还要公布一批新词。

另外，网络新词语更是多如牛毛。如“顶（支持）、狂顶（极力支持）、晕（看不懂）、驴友（旅游朋友）、潜水（只看帖不回帖）、青蛙（丑男）、恐龙（丑女）、拍砖（提意见）、养眼（好看）、年轮（岁数）、神马（什么）、斑竹（版主，论坛版块的管理人员）、亮骚（显摆）……”。

有一些网络新词语是汉语拼音的缩写，如“PF（佩服）、RQ（人气）、JR（贱人）、SL（色狼）、LJ（垃圾）、BB（宝贝，情人，孩子）、PMP（拍马屁）、PPMM（婆婆妈妈）……”。

有一些新词语是英语的谐音或缩写，如“爱老虎油（I love you，我爱你）、SP（Support，支持）、THX/3Q/3X（Thanks，谢谢）、BRB（Be right back，马上回来）、GF（Girl friend，女朋友）、IC（I see，我明白）……”。

还有利用谐音，把数字当词使用的，如“88（再见）、54（无视）、847（别生气）、987（就不去）、7456（气死我了）、4242（是啊是啊）”。

除了新词语大量涌现之外，别字也大量增加。手写的文字当中，当然有错字，而在打印或者印刷的文字当中，错字完全消失了，这是使用电脑的结果，因为电脑里的字，都是标准化了的字，完全没有错字。但是汉字的同音字很多，近义字也多，很容易产生别字。因此现在别字便比历史上任何时候都多。

综上所述，现代汉语处在历史上最大的变动之中，出现一些违反原有规范的现象是必然的，对此不必过分担心。人民群众是历史的主人，也是语言的创造者，他们会进行选择，保留那些合用的成分，淘汰那些不合用的成分。达尔文研究生物，提出了“自然选择”和“人工选择”的概念；研究语言的规范化问题，必须树立“民众选择”的概念。

例如外来词的规范就是一个显著的例子。二十世纪三四十年代，民众淘汰了“水门汀”，用“水泥”代替；淘汰了日本词“看护妇”，用“护士”代替；淘汰了“德律风”，用“电话”代替。五十年代淘汰了“幼稚园”，选择了“幼儿园”；淘汰了“康拜因”，选择了“联合收割机”；淘汰了“布拉吉”，选择了“连衣裙”。新中国成立之后，那些带着“洋”字头的词语逐步消失，如“洋油、洋钱、洋火、洋服、洋瓷、洋船、洋蜡、洋车、洋钉”等，它们被“煤油、钞票、火柴、西服、搪瓷、轮船、蜡烛、人力车、螺丝钉”代替。二十世纪八十年代，出现了“集体结婚”“打破大锅饭”的说法。这“集体结婚”当然是笑话，而“饭”又如何打破呢？这些说法，也被人民群众淘汰了，用“集体婚礼”和“不吃大锅饭”代替。

跟每一个国家都有国防军一样，每一个民族都有自己的“语防军”。教师、编辑和其他文化人，都是语防军中的骨干；那些担心汉语有危机的人，像前面说到的贺阳教授，则都是语防军中的先锋战士；而全体使用汉语的民众，则是语防军的坚强后盾，他们会最后决定使用语言中的什么成分，淘汰语言中的什么成分。这跟农民间苗是一个道理。战胜这些不规范的现象，好比是拔掉那些弱苗，汉语才可以更加健康、更加丰富。

三、语文教学有多大的责任？

说到现代汉语不规范的现象，人们往往把这种现象跟中小学语文教学效率低联系起来。

中小学语文教学究竟有多大的责任呢？应该从几个角度看这个问题。

从语言的角度看，现代汉语正处在大发展、大进步当中，出现一些不规范的现象，非常自然。明确了这一点，就不能把汉语中出现的不规范现象一股脑儿都归罪于中小学语文教学。就拿 2005 年第 7 期的《咬文嚼字》杂志上公布的 100 个别字来说吧，我查了二十世纪九十年代到二十一世纪头十年的中学语文课本，那 100 个字就有 19 个根本没有在语文课本中出现过，如“舶来品”（误写为“泊来品”）的“舶”，“粗犷”（误写为“粗旷”）的“犷”，“不胫而走”（误写为“不径而走”）的

“胫”，“不落窠臼”（误写为“不落巢臼”）的“窠”。课本里没有的字，社会上出现了，这总不能怪中小学语文教学吧。

从人的角度说，中小学语文教学效率低，主要表现在中小学毕业生身上，不是表现在社会上所有出现语言错误的人身上。也就是说，中小学语文教学效果差，造成中学毕业生语文水平低，是中小学语文教学的责任，不能把老头子、老太太写错了字、用错了词一股脑儿全都当作中小学语文教学的罪过。广义的语文学习是一种终身的学习，广义的语文教育是一种终身的教育。中小学生毕业以后，都有一个漫长的学习过程。人们在这个过程中，可能受到不规范说法的影响。

从范围的角度说，中小学语文教学效率低，主要表现在学生的语言文字不过关这一点上，不表现在中小学生思想水平不高、认识社会状况能力不够等方面。所以，研究如何提高中小学语文教学的效率，不能不明确这个问题的范围；范围太大，许多问题就说不清楚了。而社会上对语文教学不满，也都集中在语言文字不过关这一点上；我们探讨语文教学效率问题，也主要针对这一点。

总之，分析一切问题，都要实事求是，胡乱把一些关系不大甚至没有关系的问题都归罪于中小学语文教学，会打击中小学语文教师和其他语文工作者、教育工作者的积极性，对解决中小学语文教学效果差的问题十分不利。中小学语文教学效率低的问题长期得不到解决，责任不明确可能是原因之一。

第二节
语文教师有多大的责任？

中小学语文教师是语文教学的直接责任人，不言而喻，中小学语文教学效率低，跟语文教师当然有关。那么，他们究竟有多大的责任呢？由于不太了解小学语文教学的情况，这里只说中学语文教学。

一、课堂实录

要论中学语文教师对于中学毕业生的语文水平不过关有多大的责任，不仅要看课堂的实际效果，而且要看教学流程。

我们先看看《摆渡》的课堂实录。

师：同学们，今天借你们班上一堂观摩课，我非常高兴。你们高兴吗？

生：高兴。（鼓掌）

师：（多媒体投影：余晖下的摆渡图）看到这幅图，我就想起一则古代寓言故事。你们想听吗？

生：想。（兴奋，鼓掌）

师：古时有一个人，名叫惠子。他要到梁国去做宰相，在过河时不小心掉到河里去了。他不会游泳，只得大呼“救命啊！”幸亏摆渡人把他及时救上了船。摆渡人问：“你这样匆匆忙忙的，要到哪里去啊？”惠子焦急地说：“梁国正缺宰相，我要赶去做宰相。”摆渡人嘲笑他：“你连游泳都不会，还配做一个国家的宰相吗？”惠子严肃地回答：“话可不能这样说，人各有所能。论划船、凫水，我不如你；论治理国家，你不如我。”

故事讲完了。怎么样？

生：好。（鼓掌）

师：谁能告诉大家，这则寓言给你什么启示？

生1：每个人都有自己的长处，不能嘲笑别人的缺点。

生2：人各有所能。每个人都要扬长避短，以长补短。

师：那么，同学们学过或看过哪些寓言故事呢？

生3：《赫尔墨斯和雕像者》《蚊子和狮子》。

生4：《刻舟求剑》《叶公好龙》《龟兔赛跑》……（一口气说了十几个寓言故事题目。同学们鼓掌）

师：你还记得什么是寓言吗？

生4：寓言就是以比喻性的故事寄寓意味深长的道理，言在此而意在彼，给人以启示。

师：（用多媒体打出“寓言”含义）大家齐读一遍。

师：今天，我们学习的这篇自读课文《摆渡》，是当代著名作家高晓声写的一则现代寓言。下面，分角色朗读课文，看看“渡口”演绎了一段什么故事，你又获得了哪些启示。

（多媒体播放：配有钢琴曲《春水》的动感片段：上船—作家叹息—作家摆渡）

（生分角色朗读）

师：有这样一个问题，老师弄不明白：“故事中的五个人对‘最宝贵的东西’的看法各有什么不同？”请分组讨论。

（生认真讨论，不一会儿便有人举手。师巡视、询问）

师：谁愿去电脑上打出自己的答案？

生5：（上讲台，很快打出文字）有钱人认钱，大力士使力，有权人用权，作家靠写作，摆渡人讲真情实意。

师：很好！我们师生“英雄所见略同”。那么，同学们把什么看作自己“最宝贵的东西”？说说理由。（多媒体投影：最宝贵的东西）

生6：我认为最宝贵的东西是希望。有人说，希望是人的第二灵魂。我想说，有了希望，面对挫折和困难，我们就可以抗争；有了希望，面对贫穷和落后，我们就可以进取。只要我们每个人播下一颗希望的种子，就会收获金秋的喜悦。

师：你一定是个喜欢读书的女孩，信手拈来，妙！

生7：我认为最宝贵的东西是精力。我们学习任务繁重，有了充沛的精力，才能保证学习、工作、生活的顺利进行。俗话说："身体是革命的本钱。"我想说：精力是学习的保证……

师：体会颇深，很有见地！

生8：我认为最宝贵的东西是亲情。我爱爸爸妈妈，他们也爱我。每当我生病时，他们给我无微不至的关怀；每当我考得差时，他们给我许多鼓励的话语；每当我过生日时，他们总会唱起《祝你生日快乐》歌；每当我高兴时，他们也会乐开怀，爸爸还要自斟自饮一小杯酒。所以，我说爱是永恒的，亲情是宝贵的。

师：入情入理，善！倾吐心声，真！

生9：我认为最宝贵的东西是生命。生命对于每个人只有一次。如果说生命是"1"的话，那么，知识、财富、事业、友谊等等是"0"。没有这个"1"，"0"再多，也毫无意义；有了这个"1"，并且依附在它后面的"0"越多，生命才越有价值，生命之树才会四季常青，生命之花才会开得姹紫嫣红。所以，我们要珍爱生命，珍惜人生！

（生不约而同地热烈鼓掌）

师：妙语连珠，富有哲理，诗一般的语言，妙不可言！

师：随着故事情节的发展，矛盾冲突又来了。作家一时拿不出"最宝贵的东西——写作"，摆渡人不让上船，请求唱个歌，却仍遭到"拒载"；想到暮色已浓，对岸妻儿在家等着，于是"望江兴叹"，却出现了"柳暗花明又一村"的局面，被允许上了船。这是为什么？

生10：（找书上句子）"你这一声叹，比刚才唱的好听，你把你最宝贵的东西——真情实意分给了我。"

生 11：“唱”的是别人写的词，别人谱的曲，只求给人欢乐，缺少真情实感；而“叹”的是人生的辛酸，一把辛酸泪，真情又实意，所以感动了摆渡人。

师：作家过了河，感悟到“作家没有真情实意，是应该无路可走的”。讨论一下，怎样理解。

（生讨论）

（师深入学生，与学生交流）

师：我相信每个人都有自己的看法，谁告诉大家？

生 12：这有两层意思。一是作家没有真情实意，不能上船，无路可走；二是创作时没有真情实意，无法打动读者，创作无路可走。

生 13：感人心者，莫过于情。作家创作时不能无病呻吟，应该深入生活，反映社会人生的真实面。否则创作出的作品没有人看，将会被历史抛弃。

师：摆渡人跟有权人走了，作家改行做了摆渡人。过了一阵之后，为什么他觉得“创作同摆渡一样，目的都是把人渡到前面的彼岸去”？分组讨论一下。（师巡视，不时与学生交流，示意举手的同学回答）

生 14：“作家摆渡不受惑于财富，不屈从于权力，以真情实意待渡客。”并从中悟出摆渡同创作的相似点：摆渡是把人的躯体送到彼岸去；创作是写出真情实意的文章把人的灵魂送到真、善、美的彼岸去。

生 15：摆渡是用船将人载到对岸去，创作是用艺术带领人到达至真、至善、至美的境界中去，也是摆渡。只不过前者是摆渡人的身体，后者是摆渡人的灵魂，都是把人带到令人向往的地方，一样的美。

师：（在多媒体上现场打出学生的答案要点）说得非常好。那么，同学们在现实生活中或读文学作品时，有没有被“摆渡”到“彼岸”去的体验呢？（多媒体投影：体验摆渡）

生 16：我被班主任秦宗国老师“摆渡”过。是他把我们带进知识的海洋，是他用智慧浇灌着我们。我们只是一颗颗晨星，是他让我们在自己的星座上发光；我们只是一株株小草，是他让我们点缀绿色希望。是啊！

他让我们明白了爱是无私的，生活是丰富的，人生是精彩的！

生17：我以前被“摆渡”过，但已想不起当时的那种感觉。不过，我现在好像有被“摆渡”的体验。听，有河水的流动声，有河水的拍岸声；看，正前方是夕阳，它的余晖洒在河面上，微风吹过，泛起点点银光。好一派迷人的风光！我感到自己被“摆渡”到美丽的彼岸去了！

生18：我曾经读过一本关于航海家的小说，虽然已记不起书名，但书里最后一句话“一个人，只要有水喝，有东西吃，那么他就别无所求了”给我以深深的启迪。我们不要为生活的一点一滴斤斤计较，也不要为追求奢侈生活而贪婪。只有历经了生活的磨难之后，才会真正懂得生活的“真”虽平凡却实在！

生19：杜老师，我想问您一个问题：您有没有被“摆渡”的体验？

师：（惊讶，没想到学生会问自己的体验，略思索）昨天，我去新华书店买书，看到一本关于父母教育子女方法的书，里面有一个故事：一个女孩从小体弱多病，住院共达五十多次，经常耽误功课。她的爸爸妈妈非常疼爱她，为把她培养成才，受了千般苦，遭了万般罪，终于把女儿培养成留学生。看后，我非常感动，想到自己五岁的女儿也常常生病住院，回家在日记上写了这样几句话：可爱的女儿，回想你生病时多么痛苦，但爸爸对你的爱决不含糊。让我深情地喊一声：女儿，我爱你！把你培养成人的理想在我心灵深处。

（生热烈鼓掌）

师：其实在生活中，每个人都充当着不同的角色，有时是渡客，有时是摆渡人。下面，让我们展开想象和联想，以课文中任何一个人物为主人公构思一则故事。（播放钢琴曲《春水》）

生20：作家自改行以后，心里仍想着用另一种方式摆渡。他编了好多哲理故事，凡坐他船的人，他都把故事讲给他们听。作家从此出了名，人们都争着来坐他的船，听他讲故事。一家出版社还想高薪聘请他当编辑，而作家不受惑于财富，仍旧做着一个真情实意的“摆渡人”。

生21：作家做了摆渡人，日子过得还算不错……有一天，作家到街上去买米，突然看见前面有一大群人，便走过去瞧一瞧。好不容易挤到前面，只见那招牌上写着“比拳头”。作家定神看了看，原来与他“同船共渡”的那位大力士站在牌子下。“他怎么干起这行当了？”作家心想。只见大力士傲慢地大喊：“谁来与我比比拳头？”刚过一会儿，不知从哪里钻出来一个人，竟把大力士打败了，认识大力士的人连忙扶他去了医院。作家叹息道：“天外有天，人外有人啊！人还是要谦虚一些！”提着米，摇了摇头，缓缓地走了……

师：作家改行当了摆渡人以后，他的生活是一天不如一天哪！因为，他摆渡从来不收穷苦人民的钱。大家都说他“傻”，可他却不在乎。这不，收了工以后摸摸口袋，只有几十文钱。作家拿着钱到镇上去换米。路上，偶然听见有人说：“听说，一个摆渡的人告咱们县太爷乱加赋税，居然给告准了。”“当然听说了呀！摆渡的人抓住了一个确凿有力的证据……”作家听完后，心里暗暗笑道：“我岂是那种贪图钱财、屈从于权力的人。我最恨大贪官，他们只图个人享受，不关心百姓疾苦。因此，就借那次机会好好治了治这个狗官。”

（生 23、生 24 绘声绘色口述故事）

师：同学们回忆一下，这节课我们是怎样学习《摆渡》的。归纳一下，学习自读课文可以采用什么方法。

生 25：这节课，我们学习了寓言的内容，理解了寓言的寓意，进行了口头作文。

生 26：要抓住故事情节、关键词句来理解寓意。

生 27：我们要采用讨论法、想象联想法等来学习课文。

生 28：我们要感知课文，感悟人生，注重情感体验，课内与课外相结合。

生 29：我们要充分利用课本资源来学习，听、说、读、写相结合。

师：（板书学生答案要点）这是自读课文众多学法中的一种学法。

师：这节课，大家畅所欲言，合作学习，感知课文，体验人生，启迪心智，归纳学法，我非常满意。希望同学们在今后的学习、生活、工作中，做一个文明高尚的“摆渡人”，“拒载”假、丑、恶，“摆渡”真、善、美！好，下课！

（重庆市忠县忠州中学 杜长明）

二、这是什么样的教学模式？

这则课堂实录能发表在《中学语文教学》杂志2003年第12期，想必被认为是比较优秀的课堂实录。很明显，实录经过了加工。不幸得很，这不是特例，而是中学语文教学中的普遍现象。我引用这则课堂实录，只是为了说明问题，绝没有一丝一毫批评讲课老师的意思。这里不用仔细分析，大家一眼就可以看出它的特点。

第一个特点是，重分析，轻语言文字训练。

首先，教师从寓言的定义切入，让学生分角色朗读了课文，然后便开始对课文进行分析。分析的步骤如下：（1）提出问题：故事中的五个人对“最宝贵的东西”的看法各有什么不同？进而让学生谈自己把什么看作“最宝贵的东西”。（2）讨论为什么“作家没有真情实意，是应该无路可走的”。（3）讨论有没有被“摆渡”到“彼岸”去的体验。（4）让学生以课文中的任何一个人物为主人公去构思一则故事。（5）让学生谈学习自读课文可以采用什么学习方法。

很显然，分析课文占据了大部分时间，可见分析课文是“重头戏”。可是，课文里有不少语言文字训练点，如“摆渡”的“摆”、“篙子”的“篙”、“暮色”的“暮”、“作孽”的“孽”。这些字不一定常用，该不该让学生写一写？“摆渡”的“渡”容易跟“度”混淆，社会上常常存在“度假”和“渡假”不分的现象。2005年第7期的《咬文嚼字》杂志上公布的100个别字，就有“渡假村”的“渡”。此外，“对岸”和“彼岸”、“写作”和“创作”同时出现在课文中，该不该做点分辨练习？

“吧”“吗”“呢”三个语气助词都出现了，该不该让学生造造句？社会上认为中小学语文教学效率不高，主要是指学生语言文字不过关，我们的课堂上却把重点放在分析上，把需要过关的部分忽略过去了，这又如何能够把学生“渡”到熟练掌握语言文字的“彼岸”呢？这种分析课文的教学模式，可以叫作“重分析，轻语言文字训练”的模式。

第二个特点是，借题发挥，臃肿不堪。

用另一个寓言切入，占的篇幅过大。让学生谈谈自己把什么看作“最宝贵的东西”，已经离开了课文的主题。讨论有没有被“摆渡”到“彼岸”去的体验，属于读后感之列，离课文主题更远。而这三个授课点，占据了课堂大部分的时间。讲这三点，对于理解本课的主题思想没有什么帮助，不讲也可以。这种借题发挥的做法，使课堂显得十分臃肿。

吕叔湘先生曾提到，“文化大革命”期间，有个小学语文老师讲“天安门”三个字，讲了三节课，后来他在一篇文章里也提到这件事，说这是“放胖”。我们可以从借题发挥这个角度，把这种模式叫作“放胖模式”。

第三个特点是，热闹异常，学生却收获甚微。

这一节课，学生发言三十来次，互相讨论两次，鼓掌五次，使用多媒体七次，课堂气氛十分活跃。但是学生的收获有多少？教师提出的问题，学生都能够回答，说明学生一读就懂，得不到新的信息，这些讨论、讲解都没有什么用。构思一则故事，这对学生来说，也是轻而易举的事情，谈不到是收获。他们自己就能够领悟到作家必须有真情实感，做任何工作都是把人渡到彼岸，这大概是他们阅读本课唯一的收获，但是这却不是教师给他们的，他们自己就能够获得。表面热闹非凡，实际收效甚微，这就好比是肥皂泡，虽然光彩夺目，实际上却只有那一点点水。根据这种情况，我们也可以把这种模式叫作“肥皂泡模式”。

“重分析，轻语言文字训练模式”“放胖模式”“肥皂泡模式”实则是一个模式，只不过是从不同的角度说的，可以统称为“重分析模式”。这是通行了近百年的模式，后面我们会加以介绍。这种模式，几十年以来有过一些变化，但是万变不离其宗。

教师为什么要使用这种模式？我们看看中学语文教学的流程就明白了。

三、语文教学的流程

社会上许多人谈到语文教学，常常以为教学方案是教师自己制定的，教学内容是教师自己决定的，教学方法是教师自己选定的。这就大错而特错了。实际的情况是，各地的语文教师，尤其农村的语文教师，一般都没有教学的自主权。我曾经去过全国几十个县的学校，北京就去过百十来所中学，对于语文教学受到严密控制的情况感到十分吃惊。中国地域广大，各个地区的情况千差万别，不可能完全顾及，下面只按照教学的流程介绍我了解到的一般情况。

第一，备课。

语文课本是语文教学的依据，教师上课，首先必须钻研教材。我记得从六十年代开始，每一本语文课本都配有一本相应的教参；书店里不卖，都是随着课本发下来的。几十年的教参，每一课都简要说明教学目的，然后是课文分析，最后可能有一点参考资料。课文分析是主体，里面一般是内容的分析，并且常常是思想内容的分析，其次是写作技巧和语言特点的分析。至于语言文字的训练，往往只是点一点。

教参是教学指导书，已经决定了语文课的内容和格局。分析作品内容占据课堂教学的大部分时间，写作技巧和语言特点的分析则是在研究语言而不是训练学生掌握语言文字，也属于分析的范围。语言文字训练处于无足轻重的地位。我听过 1 000 多节语文课，常常记下分析作品的时间和语言文字训练的时间，发现分析时间一般都占 80%~90%，学生学习语言文字的时间只占10%~20%。可见教参已经决定了教师必然使用重分析、轻语言文字训练的模式进行语文教学，语文课的大部分时间往往用来分析课文。

教师依据课文和教参的指示写出教案，并参加每星期一次的备课小组活动，时间一般为两小时。备课小组是教研组下设的组织，由同一个年级的语文教师参加，成员常常是两人到四人，也有多达七八人的，这要看一个年级有多少班。备课组一般都有组长；组长由组员推选，再由语文教研组组长报校长批准。在农村，学校规模常常比较小，一个年级也许只有一位语文教师，备课小组便由几所学校的语文教师组成。教育领导部门指定一所学校为中心学校，各个学校的语文教师每周便到中心学校去进行备课小组的活动。备课小组一般都会肯定教参那种重分析、轻语言文字训练的教学模式。

备课小组活动前后，教师还要参加区里的备课活动。各个城市的教育局下面都设有市教研室，各个区教育局下面有都设有区教研室，县里面都有县教研室。区教研室要组织本区的教师进行备课活动。在大城市里，一个区往往就有一二百位中学语文教师，每周都要到区教研室去备课；中学六个年级的教师，进入六个活动室。活动由区里的职业教研员主持，职业教研员要选定若干业余教研员，每次活动由一位业余教研员就下星期要教的课，说明教学目的、教学内容、教学方法甚至板书计划等。其他语文教师记下业余教研员讲的内容，根据这些内容写出自己的教案或者修改自己的教案。在农村，由于交通不便，这样的活动便由中心校的备课活动代替。教师往往在写教案、对教案之后，回去改教案。这样的备课活动，当然会贯彻教参的精神，使得重分析、轻语言训练的教学模式有了更大的权威性、合理性。

教案写成以后，少数学校还要让教师把教案送交教务处审查，盖章以后，教师才能上课。

经过本校备课小组和区教研室（或中心校）的备课，教师的教案已经不可更改，顶多只能稍稍调节一下讲课的内容，变更一下教学内容的次序，增减一点作业的数量。所以听课时会发现，只要是同一个区的教师讲同一篇课文，讲课的内容、过程都大同小异，有时候连板书的格式都相同。

第二，上课。

上课必定贯彻重分析、轻语言文字训练的模式，教师绝无改变这种模式的可能。一般学校都规定，校长和教务主任每周必须听若干节课，一般都是三五节。为了保持教师的积极性，校长和教务主任一般都会肯定教师教课的优点，稍稍指出一点不足之处。有的学校规定教研组长每周也必须听若干节课，因为“低头不见抬头见”，于是组长的评论便比校长和教务主任还要客气，肯定的优点更多。

教育局局长也常常听课。我认识一位北京市某区教育局副局长，她每周都听四五节课，而且坚持了好些年。局长听课以后，一般不发表意见；但是，没有意见也是一种意见，那就是默许。

兄弟学校之间，偶尔也互相听课。听课以后，为了保持兄弟学校的良好关系，一般也不提意见；要提，也是不痛不痒地说几句，夸奖的成分远远多于批评。这也是默许。

上上下下都肯定优点，于是，重分析、轻语言训练的教学模式便得到了进一步肯定。

第三，课外。

课外对语文教学模式的肯定主要表现在公开课、职称评定和各种各样的竞赛上。

不少公开课弄虚作假，这已为许多人所诟病，但是公开课却长盛不衰，而且还产生了一个新词，把进行公开课叫作“作课”。每学期开始时，教研组长都要布置几次公开课，一般都是两三次。被指定作公开课的教师，早早便做准备，付出比平时多若干倍的时间去备课，有的还进行“彩排”。为什么公开课会如此盛行呢？大概是为了“点亮一盏灯，照亮一大片”吧。这“一大片”越大，肯定重分析、轻语言文字训练模式的范围也就越大。

语文教研组全体教师必须听公开课，而且必须参加课后的评议会。有时候，校长、教务主任也来参加。评议会一般都要进行一两个小时。在评议会上，几乎人人都热情肯定作课教师的优点，稍稍指出一点儿缺点。优点多半在分析课文方面，一般都是赞扬作课教师分析得详细深刻、板书有计划、课件使用得当等。在评议会上，学生的“积极性”往往受到肯定，认为教师善于调动学生发言。其实，大家都知道，只要有人听课，学生必定“枪口一致对外”，分外活跃地配合教师的提问。

我一辈子参加过校内外一百多次评议会，所有的评议会都是这样的内容，从来没有一个发言人对重分析模式提出过异议，从来没有人指出这种模式会导致中学生的语言文字不过关。这样一来，那种重分析、轻语言文字训练的教学模式便得到再进一步的肯定，也鼓励教师继续使用下去。

职称评定对教师来说是一件大事，关系到教师的资格、荣誉、工资收入等。职称评定的评委一般都是本区、本县的骨干教师。具体的评审工作，往往完全交给评委，由评委去听课、组织答辩，然后讨论、投票决定是否授予高级职称。有时候，为了慎重起见，评委投票通过以后，还要在网上或者在公告栏里进行公示，征求公众的意见。职称评定的工作越慎重，参评的教师就越不敢越雷池一步，必定使用重分析模式去上课。而评委呢，也只能遵照这种模式去评论。这就又一次默许了重分析模式。

各种各样的竞赛，现在非常流行，加重了教师的负担。如教案竞赛、公开课竞赛等。跟校内公开课一样，还是肯定重分析的教学模式。当前，这种肯定的分量越来越重。

重分析、轻语言文字训练的教学模式是造成中学生语言文字水平不过关的主要原因。教师在教学流程中，几乎完全没有自主权，只能被动地使用这种低效的模式。所以，中学生语言文字水平不过关，语文教学的直接责任人中学语文教师并没有太大的责任。

难道就没有教师敢于打破这种低效模式吗？当然有，而且不止一个两个。他们往往受到严厉的批评指责，有的甚至影响了工资、奖金和职称。但是，即使这样的教师有许多，也无济于事。全国上上下下都在肯定这种模式，有那么多人在维护这种模式，少数人反对又有什么用呢？

撼山易，撼语文教学难！

第三节
重分析模式的形成

语文教学专家对于百年以来语文教学的情况有许多论述，这里不去重复他们的意见，只想介绍七十多年来我亲眼见到的语文教学发展变化过程，说说重分析模式是如何形成发展的，也许能提供一些参考。

我 1936 年出生于武汉。两岁时，武汉被日本鬼子占领。1941 年初，我四岁多不到五岁，被父母送到巷子口上的私塾去读书。1942 年，我进了学校，那时叫作“官学”，读到小学二年级。1944 年，局势紧张，我们全家逃回老家，我在乡下又一次进了私塾，读了将近一年。那时私塾的情况，大概可以代表中国古代私塾的情况。日本投降以后，我又回到武汉进入小学三年级。到六年级时，武汉解放。我在武汉第一中学上了初中，1952 年考入武汉第一师范学校，1955 年考入了北京师范大学中文系。1961 年，我开始了中学语文教师的生涯，直到 1997 年退休。退休之后，还为语文教学做了许多事。

我两次进了私塾，好比是通过时间隧道去到了古代，又两次通过时间隧道回到了现在，对于重分析模式的形成、发展有不少真切的体会。

一、重分析模式形成的时代背景

清朝末年中国落后挨打，先进的中国人到处寻找救国救民的真理。在教育领域，他们反对私塾，提倡办学校，希望利用学校传播西方先进的科学文化，达到救国救民的目的。清朝灭亡之后，遗老遗少们自然要反对教育改革。鲁迅在《朝花夕拾·琐记》中说："那时为全城所笑骂的是一个开得不久的学校，叫作中西学堂，汉文之外，又教些洋文和算学。然而已经成为众矢之的了；熟读圣贤书的秀才们，还集了'四书'的句子，做一篇八股来嘲诮它，这名文便即传遍了全城，人人当作有趣的话柄。"可见遗老遗少们是何等猖狂。

先进的人们自然要起来揭露传统教育的弊端。鲁迅说："我最初去读书的地方是私塾，第一本读的是《鉴略》，桌上除了这一本书和习字的描红格，对字（这是作诗的准备）的课本之外，不许有别的书①。"这是揭露私塾教育内容的狭窄、落后。叶圣陶说："旧式教育是守着古典主义的：读古人的书籍，意在把书中内容装进头脑里去，不问它对于现实生活适合不适合，有用处没有用处；学古人的文章，意在把那一套程式和腔调模仿到家，不问它对于抒发心情相配不相配，有效果没有效果②。"这是批评私塾教育的内容死板。这样的批判文章，在"五四"前后到处都是，全国形成了一股反传统教育的思潮。

由于要反对遗老遗少阻碍教育改革的行径，先进的人们在批判传统教育时，往往矫枉过正，要说一些过头话，这是很自然的。例如叶圣陶先生就有这样的论述："学校里的一些科目，都是旧式教育所没有的，唯有国文一科，所做的工作包括阅读和写作两项，正是旧式教育的全部。一般人就以为国文教学只需继承从前的传统好了，无须乎另起炉灶。这种认识极不正确，从此出发，就一切都错③。"这就是说，国文教学必须"另起炉灶"，不能"继承从前的传统"，否则就"一切都错"。

其实，教育的改革，跟革命斗争不一样。革命斗争是一个阶级推翻另一个阶级，一个政权取代另一个政权，新旧政权是不能并存的。而教育的性质不相同，教育里面有一些旧的东西可以长期存在甚至永远存在，不必"另起炉灶"，比如"学而时习之""温故而知新"的学习规律无法更改。所以，传统的教育当中有一些合理的内容，应该保存，我们不能在泼掉脏

---

①《且介亭杂文》，鲁迅著，译林出版社2013年版。
②③《叶圣陶语文教育论集》，叶圣陶著，教育科学出版社1980年版。

水的时候连孩子也一起倒出去。

重分析模式的形成，正是倒掉孩子的结果。可以这样说，从私塾的过度死记硬背到学校的分析模式，正是从一个极端走到了另一个极端。现在语文教学出现了许多问题，根源正在这里。

二、私塾语文教学的情况

私塾里只有一门功课，就是语文课，一切知识都是通过语文学习获得的。想学什么，由学生根据自己的情况去选择。个人选择不同，所以私塾里“班级”很多。我在乡下进入的私塾里有十三个班，人数最少的是“《幼学》班”，只有一个人；人数最多的是“《左传》班”，有六个人。“官学”班读的是白话文，有两个人。

每天上午，全体学生都要背昨天上的书，于是一开始便人声鼎沸，跟鲁迅在《从百草园到三味书屋》里描写的一样。老师一个班一个班地将学生叫到自己的桌子跟前，开始检查背书的情况。几个人一起背诵，他能够凭眼睛看出谁没有背熟，没有背熟的就得挨板子。检查背诵以后，就开始上新书。老师先领读一遍，就进行讲解，主要是讲解词语的意思，不进行文章的分析。然后问学生“都懂了没有”，学生回答“都懂了”，便可以回座位。前后持续十分钟到二十分钟。十三个班都要这样检查一遍教一遍。

下午全体学生都要习字，练习写大字和小字，都是毛笔字。年纪最小的学生，把竹纸（一种极薄的纸）蒙在字帖上练习大字；写小字，往往是抄书，因此，私塾的学生一般都练得一手好字。年纪大的学生下午做作文，每天一篇；由于书都背得烂熟，根据书上的材料写文章，一点也不费劲，可以说是信手拈来。老师只抽查一两篇，写出评语，其他的作文一律不看。最后是讲评，往往从念评语开始，我记得有一则评语是“懵里懵懂，挑了两只桶，丢了一只桶，还不知道轻重”，这是在批评这个学生的文章列举了两个内容却只写了一个内容。

跟后来的语文教学相比，私塾的语文教学有它的特点。

第一，内容陈旧，都是四书五经。虽然也能够容纳“官学”的白话文，但是白话文不占主导地位。

第二，背诵量过大。整本整本地背诵《孟子》《左传》等，没有必要，浪费时间和精力，背诵一部分、熟读一部分就可以了。

第三，完全不管如何理解文章的意思，真是“好读书，不求甚解”。

这些缺陷，使得后来的人们猛烈地攻击私塾，也为后来传统语文教学的“断档”埋下伏笔。

第四，学生绝对是学习的主体，绝大部分的时间都是学生自己活动的时间。

第五，老师不起主导作用，只起点拨作用和督促作用。学生主要靠自己诵读，慢慢领会文章的内容和意境，老师绝不包办代替。

第六,十分强调学习的艰巨性，重视语言文字的练习，用大量练习巩固学习成果。作文重写不重批，绝不像学校那样因为老师批改不过来而不让学生多写。

这些优点，也因为那些缺点而被否定。

三、民国时期学校的语文教学

1942 年以前的情况，我没有亲身体会。我刚刚上小学，就感到人们强烈反对私塾，认为私塾教育阻碍了中国的进步，是我们中国落后挨打的重要原因。老师们往往亲身经历了五四运动，或者了解了五四运动提倡的反封建精神，所以他们反对封建教育的意识很强。他们反对私塾，主要反对私塾里只知道死记硬背，不让学生理解课文的做法。这样一来，就形成了当时语文教学的特点。

首先是提倡老师必须详细讲解课文。当时的国语课本，有一课的课文是“新书一册，先生讲，学生听，先读字音，后解字义”。学校的老师们，一方面让我们低年级学生背诵一些课文，一方面就贯彻“先生讲，学生听”的做法，对白话文也大讲特讲，还说：“私塾的老师不讲课文，我们讲，你们好好听着，准备回讲（就是复述老师讲的内容）。”例如有一课，题目我忘记了，内容是“小羊儿乖乖，把门儿开开。不开不开我不开，妈妈不回来，谁来也不开……”百来字的课文，老师就讲了一节课。还有一课，我印象也特别深，题目是《狼来了》。老师对着书上的画进行讲解，讲得有声有色，不仅讲了牧童撒谎的经过和结果，而且对我们进行了诚信教育。可以说，这个时期的老师一反私塾的做法，用自己的理解代替了学生的理解，形成了“满堂灌”的局面。这讲风一开，一直到1953年推行“红领巾教学”的时候才开始变化，而不少学校到了六十年代甚至到现在也没有改变，还是一讲到底。

其次是反对死记硬背。我在小学一二年级的时候，背诵了不少课文。到了三年级，也就是抗日战争胜利之后，老师就没有让我们背诵课文了。第五册国语课本上有一篇写孙中山的文章，说孙中山读私塾，老师不讲解，只让学生死记硬背，孙中山便对老师提意见，要求老师讲解课文。我的小学教师十分赞赏孙中山的做法。我还记得学校的教务主任在一次讲话当中特别提出要想办法“活记”书上的内容，要求我们不要死记硬背：“譬如说，别人把你带到你亲戚家，你可能会忘记你亲戚住在哪里；要是你自己找去的，你就会牢牢记住地址。为什么？因为是你自己找去的。要想记住书上的内容，也要自己找办法，用自己找到的办法记，就会记得牢，千万不要死记硬背。”其实，我们头脑里储存的许多内容，都是死记硬背得来的。无限制地反对死记硬背，会造成很糟糕的后果。这样的一股风，一直刮到现在。现在的老师不敢让学生多背课文，学生的背诵量实在少得可怜。二十世纪九十年代末，我问过几位小学老师，每个学期让学生背诵多少字，有的回答说五百，有的回答说八百。由私塾的大规模背诵到现在的一个学期几百字的背诵量，是不是从一个极端走到了另一个极端？

再次是语文教学程序化。每上一篇课文，都是老师先写课题，接着范读一遍。范读之后是讲解生字难词，每课都有十个到二十个。当时老师们都不会注音字母（汉语拼音方案是1958年批准公布的），所以往往用同音字在黑板上注音。讲解生字难词之后，老师领读生字难词，我们便把生字难词抄在练习本上。然后就是老师冗长的讲解，占据一大半课堂教学的时间。老师从来没有提问，都是一人讲，一直讲到下课。下课之前，老师常常布置作业，主要是抄写生字难词，有时候也抄课文。语文教学的程序化，我记得就是从抗日战争胜利之后开始的。

作文的情况跟私塾里大不相同，全部都是老师命题。我在三年级开始作文，第一篇的题目是《我的家庭》，这个题目后来也写过不止一次。其他的题目有《我的好朋友》《我爱我的学校》《我最喜欢的一个人》之类。有时候我们写不出来，就只好瞎编。作文全批全改，老师改不过来，所以一个学期我们只写三四次。好在每周必须写周记交给班主任，算是自由作文。不过班主任不批改，只写一个“阅”字和日期。

这个时期的语文教学，“放胖模式”已经站住脚，开始重分析、轻语言文字训练了。私塾教学的优点已经无影无踪。这就是过度反传统、“另起炉灶”的结果吧。

四、新中国成立初期的语文教学

要谈新中国成立初期的语文教学，不能离开当时学习苏联的时代背景。苏联早期的经济建设成就和战胜法西斯德国的业绩，极大地鼓舞了中国人。跟苏联结盟之后，全国上上下下都掀起了学习苏联的热潮。人们“言必称苏联”，“向苏联学习”的口号响彻云霄。当时中国的教育也深受苏联的影响，我在武汉第一师范学习时，代数、几何、世界近代史、世界经济地理、达尔文主义、学校卫生学都是直接翻译苏联的课本，说是要跟苏联接轨。1953年，苏联教育学院的普希金教授来中国讲学，到过好几个大城市，向中国的教师们介绍直观性原则、可接受性原则、循序渐进原则等教学原则，介绍讲演法、谈话法、演示法等教学方法。斯大林发表了《马克思主义与语言学问题》，也成了中国语言学界的热门话题。

这一切，都极大地影响了中国的语文教学，使当时的语文教学产生了一些特点。

第一，使用谈话法进行教学。

谈话法的使用，改变了教师“唱独角戏”的状况。过去是教师一个人喋喋不休地讲，可谓“满堂灌”，学生完全是被动的。现在用谈话法，教师提问，学生回答，课堂气氛便由沉闷转为活泼，学生好像有了主动性。人们把这种教学方式叫作“红领巾教学”，因为普希金教授指导了《红领巾》这篇课文的教学过程、教学方法。课堂实录在报刊发表之后，受到了热烈赞扬，于是这种以谈话法为重要特征的教学方式在全国迅速推广，中小学语文教学界也因此获得了一时的好评。但是，人们不久就发现，谈话法很容易流于形式，“满堂灌”变成了“满堂问”。我记得二十世纪六十年代初，有篇文章讽刺“满堂问”，说教师想引导学生说出“天花板”一词，问学生：“你头上有什么？”学生回答：“我头上有帽子。”老师又问：“你帽子上头有什么？”学生回答说：“我帽子上头有个破洞。”这种“红领巾教学”模式，实际上也是重分析、轻语言文字训练模式的翻版，一直用到现在，不过形式上有些变化。

谈话法真的能体现教师的主导作用吗？从表面上看，教师“唱独角戏”是用自己的认识代替了学生的认识，把自己一个人的见解灌输给学生，容易受到舆论的批评；而用谈话法进行教学，则是引导学生去回答，容易受到舆论的称赞。但是，仔细看看课堂实录，就会知道，谈话法也并不是让学生自己去理解、领会文章的思想感情。教师是在引导学生奔向教师需要的答案，这还是教师把自己的理解教给学生，不过是改变了形式，由一张嘴说话变成了许多张嘴说话。本来“一千个人有一千个哈姆雷特”，但无论是“满堂灌”还是“满堂问”，都只有一个“哈姆雷特”。“你头上有什么？”应该有许多答案：蓝天、白云、飞机、飞鸟、昆虫、屋顶、屋檐、帽子、头发、树冠、人造卫星、太空实验室等等，但是教师需要的是“天花板”。可见“教师起主导作用”的说法是成问题的。

第二，语文教学知识化。

斯大林的《马克思主义与语言学问题》发表之后，中国人开始十分重视语言的研究和汉语的规范化。1951 年 6 月 6 日，《人民日报》发表了《正确使用祖国语言，为语言的纯洁和健康而斗争》的社论，并且开始刊载吕叔湘、朱德熙合著的《语法修辞讲话》。用中国共产党的机关报《人民日报》登载语法修辞著作，影响力是空前的。许多干部、教师、编辑都进行了《语法修辞讲话》的学习。1953 年张志公的《修辞概要》发表，后来周祖谟的《汉语词汇讲话》发表，反响也都很强烈。1955 年 10 月汉语规范化学术会议和中国文字改革会议的相继举行，更引起了社会对语言文字的重视。

课堂外面的重大变化，几乎立刻就反映到课堂里面了。《语法修辞讲话》刚刚发表了一半，当时我在念初中二年级，老师便开始讲语法。“名词、副名词、动词、副动词、主从短语”这些《语法修辞讲话》中的术语进了课堂，而且有时候还被用来分析句子。《修辞概要》刚刚发表，我的老师马上就运用“长句、短句、肯定句、否定句”等术语来分析课文。上述著作的发表，本意是让人们正确使用语言，可是这些知识到了课堂里，却促使老师们分析语言，研究语言，而没有用之进行语言文字的学习和训练。为什么会这样？原因并不复杂。因为重分析、轻语言文字训练的教学模式已经形成，语言知识到了课堂里，没有加入“语言文字训练”的行列，却加入了“分析”的行列，使得分析有了新的内容，分析的范围扩大了。

第三，特别突出思想教育，而且“左”的倾向越来越突出。

当时的语文教学，常常被用来批判旧社会，进行热爱新社会的教育，这完全是应该的。鲁迅的《从百草园到三味书屋》很受学生喜爱。这本来是一篇回忆录，某些报刊却认为文章的前一部分是写童年的快乐，后一部分则写封建教育对学生的毒害，“仁远乎哉我欲仁斯仁至矣”“笑人齿缺曰狗窦大开”便是证据，所以学生要反抗封建教育，“用纸糊的盔甲套在指甲上做戏”和“画画”就是证明。这就有点牵强了。报刊上说《祝福》表现了旧社会妇女身受四根绳索的捆绑，即政权、族权、神权、夫权的压迫：作品中的鲁四老爷是政权的代表，大伯是族权的代表，庙祝是神权的代表，祥林、贺老六是夫权的代表。这就显得过“左”了。

第四，重新重视基本训练。

因为重分析、轻语言文字训练的教学模式造成学生语言文字水平的降低，已经引起了社会的关注，所以二十世纪六十年代初期，教育领导部门提倡“双基”，就是要求学校传授“基础知识”，进行“基本训练”。一时之间，语文教学的课堂里加强了背诵，让学生在年幼记忆能力强的时候多背一些文章。同时，作业量也有所增加。但是，这些措施并没有改变重分析、轻语言文字训练的情况，课堂教学的时间依然大部分用来分析课文，分析思想内容、写作特点和语言特点。

新中国成立初期的语文教学，是民国时期反对传统语文教育做法的进一步发展，重分析、轻语言文字训练的模式有了苏联教育理论的支持，更是到处盛行。

五、“文化大革命”期间的语文教学

“文化大革命”是一场灾难，对于语文教学来说，更是一场空前的大灾难。当时的语文教学也有它的特点。

首先是教材的范围非常窄。初中语文课本仅有十来课，都是毛泽东的著作、鲁迅的文章、“样板戏”的节选、《人民日报》的社论等。

其次是语文课都讲成政治课。以《孔乙己》为例，课堂里的《孔乙己》成了政治教材，“短衣帮”和“穿长衫的”是阶级对立的具体表现；“举人老爷”打孔乙己，是剥削阶级对人民的压迫；而孔乙己“不会谋生”则是封建教育造成的恶果。讲毛泽东的《为人民服务》，教师带领学生一起“斗私批修”。课文少，课时多，教师只能大规模“放胖”，“放胖”的情况超过了任何一个时期。

再次是只有思想内容的分析，语言文字的训练几乎完全不存在，顶多碰见了学生不认识的字，说说读音就过去了。学生的语言文字水平极低，他们上山下乡，给家里写信说“我跟老大狼（娘）睡一个坑（炕）”，这样的笑话不胫而走。许多学生都不用功，“读书无用论”十分流行。知识分子都成了“臭老九”，“白卷英雄”都能够上大学，读书还有什么用呢?

这个时期，重分析、轻语言文字训练的教学模式达到了登峰造极的地步，学生语言文字不过关的情况也更为突出。

六、改革开放时期的语文教学

这个时期从 1978 年起，一直持续到现在。语文教学进入了最活跃的时期，变化也最大，具有这个时期的特点。

第一，语文教学回归到“文化大革命”之前的状态。

改革开放初期，进行了拨乱反正，反对把语文课讲成政治课，纠正了许多极“左”的说法。例如鲁迅的《祝福》，鲁四老爷不再是政权的代表，因为他不从政。“政权”这根“绳索”不讲了，其他“绳索”也就跟着消失，《祝福》的主题变成了旧礼教对妇女的压迫。《孔乙己》不再是阶级斗争的教材，而是反对封建教育的小说，后来主题又变成批评人们对弱者的冷漠。报刊上的调子一变，课堂里的说法也就跟着变。但是，重分析、轻语言文字训练的模式没有改变。

第二，强调语文教学的人文性。

进入二十一世纪，语文教学由强调工具性改变为强调人文性。报刊上的许多文章倡导培育人，必须重视人文特点，而语言本身就具有丰富的人文内涵。语文课程标准①虽然指出"工具性与人文性的统一，是语文课程的基本特点"。但是工具性与人文性进入了课堂，进入了重分析、轻语言文字训练的分析模式，则必定突出人文性，人文内涵也加入了分析的行列。人文教育的范围比思想教育的范围还要广，许多课堂实录表明，分析、讨论所占的时间，比"文化大革命"前还要多，而且不读课文的倾向越来越突出，常常出现"不读书的语文课"。

第三，应试教育显著加强。

二十世纪八十年代初，高考的压力越来越大。进入九十年代，中考的压力也大了起来。为了应付考试，有的学校取消了语文课的讲读，把大部分课文甚至所有的课文都拿来编考试题，让学生天天做考题。但因为语文课上就没有学习或者没有学好字、词、句、篇，所以即使天天做考题，学生的成绩也上不来。

课堂里忽视语言文字训练，只好用练习、考题来弥补，所以学生的书包越来越重，小学一年级的学生就背上十多斤的书包。一部分负担还转移到了家长的身上，一个小学生做作业，旁边常常有四个人辅导：爸爸、妈妈、爷爷（或外公）、奶奶（或外婆）。

到了九十年代中期，由于提倡素质教育，上课只做题的情况有了一些改变。但是，重分析模式依然没有改变。

第四，大规模使用课件。

随着国家经济的发展，城市和乡村的许多学校都"鸟枪换炮"，设立了电化教室。教师可以使用计算机搜寻、下载资料，编写教案。课件在互

① 本书中提到的《语文课程标准》，指的都是《全日制义务教育语文课程标准（实验稿）》。现在已颁行新的版本。

联网上十分丰富，可以下载，其他音像光盘也很容易买到。这样一来，课件在课堂里有了广阔使用的空间。于是，录音朗读代替了教师的范读，放映的文字代替了教师的板书，音像资料代替了教师部分的讲解，课堂里五光十色，绚丽多彩，“满堂问”变成了“满堂演”。但是，这一切，多半加入了分析的流程，对课文的分析更加生动，更加没有学生读读写写的空间。课文中的生字难词，往往放映一下就过去了，所以“肥皂泡”的特点比过去任何时候都要突出。教师的本事也越来越退化，一般教师都不会范读，甚至板书也不会了，拿起粉笔，笔顺往往出错。

语文教学的现状是百年来反传统反过火而形成的。语文教学从私塾的死记硬背转化到了不读不背，从完全不讲解转化到了一个劲儿地讲解，从“好读书，不求甚解”转化到了“不读书，好求甚解”。语文教学的好传统全部丢掉，另起炉灶，造成了现在语文教学的局面。

冰冻三尺，非一日之寒！

第二章

历史形成的认识误区

中学语文教学当中长期存在重分析、轻语言文字训练的模式，换一种角度说是“放胖模式”“肥皂泡模式”，一句话，就是一种低效模式。这种模式为什么长盛不衰？为什么众多的教师和专家想改变这种模式，经过大量努力仍没有什么效果？因为这种模式不是偶然产生的，而是百年以来人们认识当中严重的误区决定的，是由浮躁情绪支持着的，是由一个巨大的群体保持着的。下面我们看看认识的误区是如何造成并维护这种模式的。

第一节
认识误区之一 ——“白话白话，明白如话”

中国很早就有了白话文，《水浒》《西游记》《红楼梦》都是白话文作品，但是白话文在过去不是主流文体，主流文体是文言文。清朝末年中国落后挨打，全国上上下下都进行了反思。许多人认为文言文阻碍人民群众提高文化水平，是强国的障碍，应该废除文言文，提倡白话文。这是一大进步，不过，进步当中也产生了认识误区。

一、忽视白话文学习的艰巨性

“五四”前后，文人学者提倡白话文，掀起了推广白话文的高潮。许多人还亲自实践，用白话进行写作。而一些遗老遗少们则猛烈攻击白话文，说白话文是“引车卖浆者流”说的话，把白话文说得一无是处。文人学者自然要进行反击，保卫白话文，使得白话文逐步确立了自己的地位，逐步取代了文言文。为了宣传白话文的优越性，文人学者们矫枉过正，在反击中说了一些过头话，也是很自然的，“白话白话，明白如话”就是过头话。

这里的“白话”，指的是白话文，也就是白话的书面语；“明白如话”的“话”是指口语。口语和书面语有着密切的关系，但是它们又属于不同的系统。口语往往具有次序颠倒、用词不当、成分欠缺、重复多余等特征，而书面语要求通顺畅达，要求严谨准确，要求能够表达最深刻的思想、最复杂的感情、最奇妙的状态、最传神的意境。可见社会对书面语的要求非常高，对口语则没有那么多、那么严格的要求。“白话白话，明白如话”则把口语和书面语等同起来，容易使人认为书面语也特别简单，忽视对书面语的高要求，从而忽视白话文学习的艰巨性，进入了认识的误区，以致在语文教学当中放弃大量的语言学习点。

第一，白话文里有大量并不“明白如话”的地方。

白话文吸收了口语成分和文言文成分，还有外语成分，许多说法都不那么“明白”。我们随便举几个例子。

（1）我与父亲不相见已二年余了，我最不能忘记的是他的背影。那年冬天，祖母死了，父亲的差使也交卸了，正是祸不单行的日子。（朱自清《背影》）

老百姓不说“已二年余了”，只说“已经两年多了”，可见“已二年余了”并不“明白如话”。老百姓不说“差使交卸了”，只说“失业了”或者“饭碗丢了”，可见“差使交卸了”也不“明白如话”。而“二年余”的用法、“交卸”这个词都是应该学习的。我相信，许多中学毕业生不会写“交卸”的“卸”字。

（2）曲曲折折的荷塘上面，弥望的是田田的叶子。叶子出水很高，像亭亭的舞女的裙。层层的叶子中间，零星地点缀着些白花，有袅娜地开着的，有羞涩地打着朵儿的；正如一粒粒的明珠，又如碧天里的星星，又如刚出浴的美人。微风过处，送来缕缕清香，仿佛远处高楼上渺茫的歌声似的。这时候叶子与花也有一丝的颤动，像闪电般，霎时传过荷塘的那边去了。（朱自清《荷塘月色》）

这里的“弥望、田田、袅娜、亭亭、霎时”等都是口语里没有的词，并不“明白如话”，不经过注解，许多人会看不懂。“弥望的是田田的叶子”“缕缕清香，仿佛远处高楼上渺茫的歌声似的”，也不那么好懂；如果不学习，岂不是又丢掉了一些学习点？

（3）在朝鲜的每一天，我都被一些东西感动着；我的思想感情的潮水，在放纵奔流着。（魏巍《谁是最可爱的人》）

"我的思想感情的潮水"就不那么"明白如话"。如果以为白话文都那么明白如话，这语言点也就不学习了。

第二，白话文里有许多虽然"明白"，却是口语里没有的说法。

（4）这南方初春的田野，大块小块的新绿随意地铺着，有的浓，有的淡；树上的嫩芽也密了；田里的冬水也咕咕地起着水泡。（莫怀戚《散步》）

"这南方初春的田野"确实是"明白如话"，但是口语里似乎不那么说，而是说成"南方初春的地里"；加上"这"，就带上了书面语的色彩。"大块小块的新绿随意地铺着"，这也还算明白，但是口语里"大块小块"绝不修饰"新绿"。

（5）我家的后面有一个很大的园，相传叫作百草园。现在是早已并屋子一起卖给朱文公的子孙了，连那最末次的相见也已经隔了七八年，其中似乎确凿只有一些野草；但那时却是我的乐园。（鲁迅《从百草园到三味书屋》）

这段话没有不明白的地方。但是，"相传""并""末次""确凿"也不是口语词。这些很好懂的书面语的词还要不要学习？当然要。

以为白话文"明白如话"，而"话"呢，大家都会说，不用学，于是课文里也就没有什么值得学习的地方。这样一来，许许多多的语言点就都放过去了。社会上批评中学语文教学成绩不佳，不就是认为中学生语言文字不过关吗？那么多的语言点都放过去了，又如何能够过关呢？所以，"白话白话，明白如话"很容易让人们忽视语言文字学习的艰巨性，误以为语言文字不难学。语文课堂教学当中轻视语言文字训练的状况，跟这样的认识误区难道没有关系吗？

二、忽视写作的艰巨性

既然白话文"明白如话"，很自然就导出了另一个说法：把"话"写下来就是白话文了，于是叶圣陶先生就把作文叫作“写话”。1950 年，他在《写话》一文中说：“现在有的语文老师改称作文为写话，话怎么说，文章就怎么写。”1951 年，他在《写文章跟说话》中说：“写文章跟说话是一回事儿。用嘴说话叫作说话，用笔说话叫作写文章。”“认定了写文章跟说话是一回事儿，就不必另外花什么功夫，只要把话说好就是了。”

写文章跟说话绝对不是一回事儿！我本人是一个业余速记员，十五岁时学会了速记，给一些首长和名人做过速记记录，深深感到任何人的口语都有芜杂混乱的特点，把记录稿整理成一篇具有可读性的文章，要费很大的气力。中央电视台“探索”栏目中有一期节目《登月迷局》，里面有这样的解说词：

播音员：由于月球上没有空气来散射光线，所以宇航员所处的位置应该是一片漆黑，根本不可能从照片上反映出他的身影。有人认为，虽然月球上没有空气来散射光线，但月球的表面却有着很高的散射率，再加上登月舱本身的散射，这就足以照亮阴影中的宇航员。

科学家甲：恰恰相反，月、月面的反、反照率是低的，月面反照率是低的，恰恰相反，月面反照，如果说好比说，旁边有一汪水，那个反照率就比那个月、月壤，月壤啊，反照率要强得多。

科学家乙：因为月球表面不平嘛，是吧？上面可能有啊一层灰，灰尘它这种都是漫散射，不是单项的反射，所以这光线都给，它一方面都吸收得相当多，另一方面这个漫反射向四面八方，这个光线是不强的，而且本身这种物质的反射率很低。

为什么播音员的话那么通顺？因为那可能是照着稿子说的。而两位科学家的即席口语就显得凌乱，有重复多余的地方，有说半句话中途易辙的地方，也有缺少某些词语的地方，还有突然插进词语的地方。可见口语和书面语的距离相当远。要是给那两位科学家“写话”，那“话”就一定“不像话”，绝不是文章。

叶圣陶先生也是作家，《倪焕之》是他的代表作，《古代英雄的石像》《记金华的两个岩洞》《景泰蓝的制作》《苏州园林》《多收了三五斗》

《夜》都进了中学语文课本。他深深懂得写作的艰辛，绝不会糊涂到分不清口语和书面语的地步。叶圣陶先生把作文叫作“写话”，意图是强调口语和书面语的一致性，继续为白话文撑腰，因为到了二十世纪五十年代，还有人提倡多读文言文，说只有文言文学好了，白话文才能学好。叶先生是针对这种论调说的。但是，这“写话”的说法到处流传，使人容易进入另一个认识误区，那就是认为作文非常容易，谁都会说话，因此谁都会写文章。认定了“写文章跟说话是一回事儿，就不必另外花什么功夫，只要把话说好就是了”。学校里本来就忽视作文的艰巨性，例如随便出个题就让学生写，学生只好瞎编，一反私塾里那种在大量读书的基础上写文章的做法。我们不能不说“写话”的主张助长了这种错误倾向。

三、忽视汉字学习的艰巨性

上述“白话白话，明白如话”“写话”等说法导致的另一个结果，就是轻视汉字学习的艰巨性，既然明白如话，谁都能够写文章，汉字学习的艰巨性就被搁一边了。于是人们又进入了忽视语言文字学习艰巨性的认识误区。

“汉字太难学，应该废除汉字，改成拼音文字”，这是清朝末年出现的舆论，当然跟打了败仗有关。于是清朝末年产生了文字改革运动，出现了一大批文字改革的著作，如蔡锡勇的《传音快字》、沈学的《盛世元音》、力捷三的《闽腔快字》、卢戆章的《中国切音新字》、王照的《官话合声字母》……到了民国时期，当时的教育部制定了注音字母，作为学习汉字的辅助工具，这也加强了汉字难学的认识。进入二十世纪三十年代，瞿秋白等制定了“新文字”方案，一些地方开始推广，有的地方让农村不识字的妇女在几个星期之内学会了新文字，能够读拼音文字报纸，能够用新文字写出一段话来。而东北铁路上的电报，好长时间都使用拼音文字。一时间，文字改革的浪潮席卷全国，以至于毛泽东在《新民主主义论》当中提出“文字必须在一定条件下加以改革，走世界文字共同的拼音方向”。这么一来，“汉字难学，必须改革”成了大家的共识。

可是，后来出现的几件事却淡化了人们的共识。

1951年，有一个叫祁建华的解放军文化教员，创造了“速成识字法”，轰动全国。祁建华用注音字母做“拐棍”，帮助文盲识字，让他们在两三个星期的时间里认识两三千字，迅速脱盲。这不仅使文盲看到了迅速脱盲的希望，而且这种创造精神也鼓舞了全国人民。这件事的负面影响是冲淡了人们对汉字难学的认识。不久以后，“速成识字法”停止推行，原因是识字以后，回生太快。

在1955年的文字改革会议上，一些人还是主张废除汉字。后来国务院研究决定，文字改革的任务是推行汉语拼音、推广普通话、简化汉字，并没有提到废除汉字的问题。汉语拼音的实际使用证明，它只能是注音的工具，不能代替汉字成为新文字，原因之一，就是词的连写问题不能解决。英语里也有这个问题。我在美国大街上就看见only way（单行线）有三种写法，另外两种写法是onlyway和only-way；在加拿大的大街上看见pick up（拾起来）也有三种写法，另外两种写法是pickup和pick-up。但是人家那里这种情况极为少见。如果用汉语拼音代替汉字，就会出现无数这种不统一的写法，例如“屋里”可能写成wu li、wuli和wu-li，“通了气”可能写成tongleqi、tong le qi、tongle-qi和tong-le-qi，汉语里类似的情况太多，会造成巨大的混乱。于是不久以后，就看到报刊上说汉字不能废除，不能用拼音文字代替汉字。又过了些时候，报刊上说汉字是国宝，那就更不能废除了。后来再版《毛泽东选集》时，删去了“走世界文字共同的拼音方向”一句。报刊宣传汉字不能废除，当然不能同时宣传汉字难学，于是人们更加淡化了汉字难学的印象。

1956年，《汉字简化方案》公布，受到了广大人民的热烈欢迎，这是一件惠及当代和子孙的大事。我当时是北京师范大学的学生，课余去农村扫盲，确实感到比以前轻松：笔画少的字，农民学习起来要容易得多。报刊上和书籍里也迅速使用了简化字。有一次，老舍先生到北京师范大学演讲，讲到当年小学二年级的学生非常羡慕当年一年级的学生，因为语文课本第一课已经由“開學了”改为“开学了”。什么事情都是双刃剑，有一利必有一弊，推行简化汉字带来的负面效应是更进一步淡化了“汉字难学”的意识，此后就再也没有听到“汉字难学”的说法了。

中学语文教学的课堂里轻视了汉字的学习和当堂练习，是不是跟外部环境淡化“汉字难学”的意识有关?

四、必须强调白话文和汉字学习的困难

附带说说另外一件事。社会上逐渐淡化汉语、汉字学习的困难，还跟学校里废除体罚有关。在旧社会，教师可以体罚学生，最常见的是用竹板打学生的手心，挨两三板子会疼痛一两个小时。其次是抽嘴巴。我在小学时，有一个姓罗的教师，我们叫他“罗阎王”，他先用左手抽学生的右脸，学生的头往左边一偏，他便甩开右手使劲抽学生的左脸。还有按到长凳上打屁股的，我在乡下的塾师便拿一米长的竹板打学生的屁股。此外，还有拧耳朵的体罚。不怕见笑，我的手心也被竹板打过，耳朵也被拧过。有的学生在学校挨了打，回到家里，父母知道了还要再打一顿。体罚对学生造成了难以想象的伤害，学生的自尊心、自信心会受到巨大的损伤，常常在一段时间里抬不起头来。解放军一进城，体罚几乎立刻就废除了。这当然是一件天大的好事。我们永远要反对体罚。

不过，我们还是应该反思一下，旧时代为什么要对学生进行体罚呢?一是为了维持纪律，二是为了督促学生克服学习的困难。我们废除体罚是对的，但是体罚的废除也更加了淡化了汉语、汉字难学的意识。北京市的语文名师时雁行老师在谈到辅导高三学生准备高考时对我说：“唉，这些学生的语文，简直是百孔千疮，浑身疮疤。”废除体罚，不是“好了疮疤忘了疼”，而是“忘了疮疤好了疼”。学生的“疮疤”是我们的心病，那是绝对不能忘的!

我们必须强调白话文和汉字学习的困难。承认困难、正视困难才能战胜困难。

第一，字词分布不均，记忆困难。

常用汉字有几千，中学生按规定应该学会 3 500 个汉字。分配到 12 学年里，每年也就 320 多个，一个学期 160 多个，一天也就一个多。从这个角度看，学习汉字没有什么困难。可是，这些汉字出现的频率很不一样，有的出现的频率极高，如“的”占 3%，也就是说，每写 100 个汉字，就要写 3 个“的”；“一”“是”“在”“了”都占 1% 以上。因为频率高，这五个字一般都不会写错。有的汉字极少使用，出现频率往往不到 1/10 000。所以，课本里的汉字，也许今年出现了，明年后年才再次出现。比如“梳”“谣”“噼”等汉字，其实算不上是很生僻的字，但却不能常在课本里见到，学了很容易忘记。

中学生应该掌握多少词，一直是一笔糊涂账。词语分布得比汉字更加不均匀。随便翻开某套语文教材，都会发现，有些词复现率很低；有些词，在全套书中只出现一次。比如，我手中的这套语文教材中，《金黄的大斗笠》一课中的“歌谣”“田埂”“蘑菇”在以后的课文中都没有出现，只有注解里有；“噼里啪啦”“雨帘”“滚圆”“梯田”“淋（个）澡”仅在本课中出现一次，以后再也见不着。

至于汉语里有多少句式，在语言学界就是一笔糊涂账，在中学语文教学里更是糊涂得没有人提起。《金黄的大斗笠》里的存在句有好几个，如“干干净净的蓝天上，偷偷溜来一团乌云”“金黄的大斗笠下：这边，露出一条翘起的小辫；那边，露出一条揽着小山羊的滚圆的胳膊”“金黄的大斗笠下还遮着笑，遮着小山羊偶尔发出的咩咩声”；感叹句也有好几个，如“风来啦！”“雨来啦！”“姐姐带着斗笠来啦！”句式当然分布得不均匀，其他课文里就可能没有这么多的存在句、感叹句。

分布不均，不能常常见面，学习必要的语言点就会产生困难。语言文字是一种工具，不用就容易遗忘，所以人们常常提笔忘字。

第二，相似之处太多，分辨困难。

字形相近的汉字很多，容易读错、写错。如“游弋”的“弋”跟“干戈”的“戈”，就差一笔；“宁缺毋滥”的“毋”跟“母亲”的“母”，字形也很相似；“猫叼耗子”的“叼”跟“唠叨”的“叨”，字形差不多，需要分辨；“戊”“戌”“戍”三个字很容易读错、写错。

音近的字更多。汉字形声字的声旁本来是表示读音的，可是几千年以来，语音发生了变化，就不能完全按照偏旁去读了，偏旁的读音往往成了一种干扰。如“汀”读 tīng，很容易读成“人丁”的“丁”dīng；“讪笑”的“讪”读 shàn，很容易读成“山地”的“山”shān；“同仇敌忾”的“忾”读 kài，很容易读成“天气”的“气”qì；“歼灭”的“歼”读 jiān，很容易读成“千万”的“千”qiān。这些也需要分辨，并且牢牢记住，才能避免出错。

许多词语的意思相近，分辨起来很麻烦。如“迸发”和“爆发”，“迸发”是从里往外一下子发出的意思，“爆发”也有这个意思，但是“迸发”的对象往往是精神方面的事情，如“狂喜从人们的心底里迸发出来”；“爆发”的对象则是客观物体、社会事件等，如“抗日战争爆发”。又如“驰骋”和“奔驰”，“驰骋”是骑马奔驰，如“当你策马在这千里草原上尽情驰骋的时候，处处可见成千上百的羊群、马群和牛群”（碧野《天山景物记》）。“奔驰”则可以是别的交通工具，如“从居庸关到呼和浩特大约一千里的路程，火车都在这个广阔的高原上奔驰”（翦伯赞《内蒙访古》）。分辨、使用近义词，需要长期努力，才能正确使用而不出错。

第三，语文学习点多，掌握困难。

每一篇课文，都有许多语文学习点，进行教学的时候，都应该把这些语文学习点发掘出来，让学生扎扎实实地学习，熟练地掌握。例如莫怀戚的《散步》，可能有人认为里面没有什么语文学习点，其实不然，学习点非常多，比如其中的一段话：

母亲摸摸孙儿的小脑瓜，变了主意：“还是走小路吧。”她的眼随小路望去：那里有金色的菜花，两行整齐的桑树，尽头一口水波粼粼的鱼塘。

“我走不过去的地方，你就背着我。”母亲对我说。

这样，我们在阳光下，向着那菜花、桑树和鱼塘走去。到了一处，我蹲下来，背起了母亲，妻子也蹲下来，背起了儿子。我的母亲虽然高大，然而很瘦，自然不算重；儿子虽然很胖，毕竟幼小，自然也轻：但我和妻子都是慢慢地，稳稳地，走得很仔细，好像我背上的同她背上的加起来，就是整个世界。

“水波粼粼”是个应该学习的词。“粼粼”“鱼塘”“桑树”也应该写一写，如果只是浮光掠影地读一下就过去，说不定学了这课，“粼”“塘”“桑”这三个字就忘了。

对应词语的顺序值得练习，“（那里有）金色的菜花，两行整齐的桑树，尽头一口水波粼粼的鱼塘”的顺序和“（向着那）菜花、桑树和鱼塘（走去）”的顺序一致，可以换几个词让学生造句，如“那里有靠人力做动力的自行车，靠电做动力的无轨电车，靠汽油做动力的公共汽车，自行车、无轨电车和公共汽车各行其道，显得井井有条”。这对写作是很有好处的。

重复使用词语和变换意思相同的词语，是一种语言艺术。如“到了一处，我蹲下来，背起了母亲，妻子也蹲下来，背起了儿子”，重复使用“背起了”，表示相同的动作。如果再重复，就容易产生枯燥感，所以后面使用了变换词语的办法：“我的母亲虽然高大，然而很瘦，自然不算重；儿子虽然很胖，毕竟幼小，自然也轻”，用“然而”和“毕竟”表示转折，用“不算重”和“轻”表示体重，都避免了重复。重复和变换交替使用，是比较难掌握的语言艺术，可以让学生仿写一下。

标点符号有时候也能够表达丰富的含义，请看“但我和妻子都是慢慢地，稳稳地，走得很仔细”，第一个逗号如果不用，描写的状态就不大一样了。这也可以让学生模仿着写一下，如“母亲悄悄地，轻轻地，给我盖上了被子”。

语文学习点多如牛毛。掌握一两个点，非常容易，可是要掌握大批的语言学习点是很困难的。这就好比说，天上有成千上万蝙蝠，如果生态环境允许你开枪打蝙蝠，你打下一只两只、十只八只很容易，但是要你把满天的蝙蝠都打下来，困难就大了。只有每天打下几只，日积月累，才可能达到目的。只有每堂课练几个语文学习点，长期积累，才能见效。轻视、忽视这些困难，放过这些学习点，那就必定会造成中学生语言文字不过关的结果。

第二节
认识误区之二——“反对死记硬背”

1980 年 1 月号的《语文学习》刊登了吕叔湘先生的《关于中学语文教学的种种问题》的讲话，他说：“我觉得我们学生的学习有毛病（不光是语文课，别的课也如此），只会死记硬背，教师也是鼓励学生死记硬背。”“死记硬背的方法要改变。这个问题是个很大的问题，应该把它看得很严重。因为我们知道，我们要有知识，这是不错的，更重要的是要有智慧。你光有知识，你不会用那些知识，那也是枉然。那样的知识没有用，是死的。”

吕先生说得很明确，他反对的是“只会死记硬背”，这当然是正确的。但是“教师也是鼓励学生死记硬背”就不一定错了，该鼓励学生死记硬背的时候，教师就应该大胆鼓励学生死记硬背。死记硬背本身有什么错？所以“死记硬背的方法”不一定要改变。吕叔湘先生是著名的语言学家，著作等身，他幼年饱读诗书，到英国留过学，他死记硬背过大量材料，难道不知道有时候需要死记硬背吗？他当然知道。那么，他为什么要把这个问题“看得很严重”呢？

吕叔湘先生跟叶圣陶、张志公等老一辈先生们一样，都是激烈反对私塾里的传统教学的，都经历了或者熟知反击遗老遗少们攻击学校的过程。反击的时候人们说话容易过火，在反对只会死记硬背的时候也容易说过头话，“反对死记硬背”就是过头话。

“反对死记硬背”通常有两个含义，一个是指只记住了知识而不会运用，一个是指只会机械记忆而不使用意义记忆。无论是哪个含义，都只能是“反对只会死记硬背”，而不应该是“反对死记硬背”，丢掉了“只会”，“反对死记硬背”就是一个错误的命题，是一个认识的误区。

我在二十世纪四十年代初刚刚进入小学的时候，就听到“反对死记硬背”的说法，这形成了一股思潮，社会上到处都有人反对死记硬背。有一句话流传很广：“死读书，读死书，读书死。”“死读书”是指太用功，“读死书”就是指死记硬背，“读书死”是结果。当时的肺结核跟现在的癌症、艾滋病一样可怕，读书太用功容易得肺结核，所以人们常常用这句话来警告学生。把死记硬背跟死亡联系在一起，足见人们是怎样反对死记硬背了。

语文是一种技能，需要大量的死记硬背；无条件地、过分地反对死记硬背，是导致学生语言文字不过关的重要原因之一。

一、机械记忆的重要性

记忆是对经验和知识的保持和重现。从信息学的角度看，记忆就是人脑对外界输入的信息进行编码、储存和提取的过程。

人的记忆有机械记忆和意义记忆两种。机械记忆是指对识记材料没有理解，依靠事物的外部关系、先后顺序等进行的机械重复的识记，“死记硬背”就是机械记忆。意义记忆是指理解记忆材料，根据材料的内在联系，运用有关知识、经验进行的识记，人们常说的“活记活背”就是意义记忆。比较起来，意义记忆速度快、兴趣大、保存久，比机械记忆的效果好。

但是，机械记忆也非常重要，千万不能忽视，更不能无限制地加以反对。

第一，学习最基础的知识，往往需要机械记忆。

最基本的汉字必须死记硬背，如“大、小、万、不、世、业、东、西、南、北、主、么、之、乐、乙、习、乡、买、于、京、亚、交、今”等，无法使用意义记忆；有的繁体字可能联系意义进行记忆，可是简化之后却不能。

学习英语，26 个字母必须死记；学习俄语，32 个字母必须硬背；学习日语，50 音图必须死记硬背，无法运用意义记忆。而无论学习哪种外语，外语中的单纯词都需要死记硬背，如英语的 chalk（粉笔）、enough（足够）、just（恰好）、book（书），俄语的стол（桌子）、стул（椅子）、вода（水）、река（河流）。

学习化学，化学元素的符号，如 C（碳）、H（氢）、O（氧）、N（氮）、Au（金）、Ag（银）、Cu（铜）、Fe（铁）、Sn（锡）等都需要死记硬背。如果想利用意义记忆先记住 oxygen（氧）、hydrogen（氢），再记住 O（氧）、H（氢），岂不是更加费事?

学习数学，无论是汉字数字还是阿拉伯数字，都需要死记，汉字的“一、二、三”可以让我们捡一点儿便宜，阿拉伯数字的 6 和 9 能够给我们的记忆提供一点儿帮助，但是这种便宜、帮助是微乎其微的。个位数的加法，如 $4+7=11$、$6+8=14$、$7+8=15$、$9+8=17$ 等，基本上都是死记的结果。九九表虽然可以运用理解的办法记，但大家基本上都是背下来的。再如 11~19 的平方数、2~8 的平方根等，老师都要求背会，背会这些，既不难，用起来也方便。

历史中的年代，一般都需要死记硬背。如周平王东迁国都到洛邑，发生在公元前 770 年，这是东周的开始。秦始皇统一中国是在公元前 221 年。鸦片战争发生在 1840 年，日本侵略中国的“九一八”事变发生在 1931 年。这都不能利用意义记忆。马克思生于 1818 年 5 月 5 日，这个日子容易记住，可是，这样的机会太少了。

第二，意义记忆常常需要机械记忆做基础。

死记了基础汉字，才有可能利用意义记忆去记住更多的汉字，如死记了“小”和“大”，才可能记住“尖”；死记了“小”和“土”，才可能巧妙地记住“尘”；死记了“东”，才可能活记住“冻”；死记了“几”，才可能利用意义记忆记住“机”。如果没有记住那些基础汉字，利用意义记忆是不可能的。

物理公式很多，如最简单的公式 s=vt，其中的 s 表示距离，v 表示速度，t 表示时间。初中学生可能联系英语单词 time 记住时间 t，其他两个就得死记。物理学里类似的例子很多。化学方程式更是在死记化学符号的基础上才能掌握。

外语里的复合词，可以运用意义记忆来快速记忆，但是必须在死记单纯词的基础上才有可能。如记住英语复合词 classroom（教室）、passport（护照）、lighthouse（灯塔），谁都会利用意义记忆记住它们，但是必须先死记单纯词 class（班级）、room（房间）、pass（通过）、port（港口）、light（灯）、house（屋子）。

所以，意义记忆是需要依靠机械记忆的，千万不能轻视机械记忆。

第三，机械记忆是一种最基本的记忆。

机械记忆是人先天就具备的记忆能力。一个人可以没有意义记忆，但是绝不能没有机械记忆。例如幼儿，在开始识记的时候，没有知识、经验可以帮助他们进行意义记忆，只能运用机械记忆。我三岁时记住了二百多汉字，但是，我一个字的含义也不理解，只知道把字形和读音联系在一起。我仔细回忆当时的情况，发觉我当时连“二”比“一”大都不懂，又怎么能够进行意义记忆呢？

机械记忆能力的强弱是先天的，但是后天可以锻炼。历史上有许多锻炼机械记忆能力的事例。我曾看过一份材料，说马克思常常背诵根本不懂的外语诗歌来锻炼记忆。我国的许多科学家用背诵圆周率 π 的数值来锻炼记忆能力；刚刚实行改革开放的时候，一些科学家在青少年面前背诵 π 的数值，背到小数点后面 100 位，给青少年很大的鼓舞。机械记忆能力随着年龄的增长而减弱，老年人的机械记忆能力就远远不如孩子。但是，这不是绝对的。许多老年人上大学，学习外语，也能锻炼机械记忆。人们为什么如此重视机械记忆能力呢？因为这是一种最基本的、人人必备的记忆能力。

二、意义记忆的局限性

意义记忆的优越性很大，具有速度快、兴趣大、保存久的特点，因此教育工作者、文化工作者、心理学者等各种专家，都提倡意义记忆。这是完全正确的。但是，意义记忆也有它的局限性。

第一，许多记忆对象，无法使用意义记忆进行识记。

前面说到一些基础知识，如基础汉字、外语字母、化学符号等不能使用意义记忆去记，必须死记硬背。其实，生活里还有大量不能使用意义记忆的对象。

地名常常需要死记。福建、江苏、安徽、陕西、甘肃等省名，也许专家们能够解释它们的意义，但是一般人不可能知道，只能死记。昆明、澳门、义乌、塘沽、介休、易县、涿州、广元等等地名，一般人不可能了解它们的意思，拉萨、日喀则、哈尔滨、齐齐哈尔、乌鲁木齐、呼和浩特、呼伦贝尔等兄弟民族的地名，一般汉族人谁能说出它们的意义？至于外国地名，就更加不容易知道意义了，莫斯科、明斯克、多伦多、西雅图、吉隆坡、乌兰巴托、里约热内卢，都只能死记硬背。

人名常常需要死记。鲁迅（笔名）、吴宓、李大钊、章士钊、钱玄同等姓名，一般人不会解释它们的意思，只好死记。还有很多外国人名大概只能死记，如爱迪生、爱因斯坦、门捷列耶夫。

还有诸如汽车牌子、药品名称、货币名称等，都只能死记。

在日常生活中，需要死记硬背的东西还真不少。这说明，意义记忆在许多地方根本不能用。

第二，意义记忆之后，需要机械记忆来巩固。

这一点，在使用谐音法记外文单词时，表现得特别突出。我们在初中学俄语，就常常使用谐音法记单词。如воскресеньем（星期天）我们读作“袜子塞在鞋里面”；до свидания（再见）我们读作“多事问大娘”。这些办法，体现了意义记忆的优越性，但是，记忆之后，都需要机械记忆来巩固，一个字母都不能错。现在书店里“英语速记”方面的书多如牛毛，有的用分解法，比如把 S 叫作“蛇”，于是 strain（绷紧）是“蛇拉火车，带子绷得很紧”；swear（发誓）是“蛇穿上衣服发誓做好人”。这也利用了已知单词 train（火车）、wear（穿）。还有用谐音法的，如 dental（牙医）读作“扽脱”，牙医拔牙可不是“一扽就脱”？persimmon（柿子）读作“破了一吸一闷”，这就把柿子吃了；toilet（厕所）读作“掏里头”，理解成“掏肚子里头”。利用意义记忆，当然好记，可是，记了之后，还需要反复读，读到烂熟；还需要写，写得不出错，这都需要机械记忆来帮助。所以，最好的记忆方法是“机械记忆 + 意义记忆”，即两种方法同时用。

三、语文教学中要比较多地强调机械记忆

在语文教学和外语教学中只强调意义记忆而忽视机械记忆是有害的。

第一，汉字的复杂性需要比较多的机械记忆。

先说字音。汉字 90% 以上是形声字，本来是可以利用意义记忆记住形声字的，例如记住了“鱼”就很容易记住“渔”，记住了“红”就很容易记住“虹”，记住了“直”就很容易记住“植”“值”。但是，几千年以来，汉字的读音发生了变化，按照声旁读音反倒成了干扰，所以碰到了不按声旁读音的汉字，就需要机械记忆了。如“破绽”的“绽”读 zhàn 不读“定”dìng，“停滞”的“滞”读 zhì 不读“带”dài，“谦逊”的“逊”读 xùn 不读“孙”sūn，“酗酒”的“酗”读 xù 不读“凶”xiōng，“纤维”的“纤”读 xiān 不读“千”qiān，“偕同”的“偕”读 xié 不读“皆”jiē。

有些字，与声旁读音接近，只是声调发生了变化，这种字最容易读错，更需要机械记忆。如“苑囿”的“囿”读 yòu 不读“有”yǒu，“迂

回”“迂腐”的“迂”读yū不读“于”yú，“狩猎”的“狩”读shòu不读“守”shǒu，“思忖”的“忖”读cǔn不读“寸”cùn，“蝙蝠”的“蝙”读biān不读“扁”biǎn，“殡葬”的“殡”读bìn不读“宾”bīn。这些字，常常让语文教师感到难办。

还有些字，需要分辨平舌音和卷舌音。如“暂时”的“暂”读zàn不读zhàn，“寺庙”的“寺”读sì不读shì，“豺狼”的“豺”读chái不读cái，“铡刀”的“铡”读zhá不读zá。高考前夕，语文教师对这些字感到十分头疼，尤其是方言区的教师。

再说字形。汉字的形近字相当多，需要分辨。如“雪橇”的“橇”qiāo和“撬开”的“撬”qiào，“赝品”的“赝”yàn和“义愤填膺”的“膺”yīng，“针灸”的“灸”jiǔ和“脍炙人口”的“炙”zhì，“杳无音信”的“杳”yǎo和“检查”的“查”chá，“狙击”的“狙”jū和“阻击”的zǔ，“相形见绌”的“绌”chù和“笨拙”的“拙”zhuó，“病入膏肓”的“肓”huāng和“盲目”的“盲”máng，“机杼”的“杼”zhù和“抒情”的“抒”shū，“证券”的“券”quàn和“试卷”的“卷”juàn，“迁徙”的“徙”xǐ和“徒弟”的“徒”tú以及“陡峭”的“陡”dǒu……辨别读音和辨别字形，都需要机械记忆。

一字多音的情况也相当多，需要机械记忆加以分辨。如：

拗	ǎo	拗断		ào	拗口	niù	执拗		
柏	bǎi	柏树	松柏	bó	柏林				
磅	bàng	磅秤	过磅	páng	磅礴				
堡	bǎo	堡垒	碉堡	bǔ	堡子	pù	十里堡		
薄	báo	薄饼		bò	薄荷	bó	薄利		
背	bēi	背包	背负	bèi	背心				
臂	bì	手臂	振臂	bei	胳臂				
差	chā	差别		chāi	出差	chà	差不多	cī	参差
场	chǎng	操场	市场	cháng	场院				

机械记忆量是如此之大，却要反对死记硬背，岂不是咄咄怪事！

第二，白话文背诵需要比较多的机械记忆。

背诵文言文不容易出错，主要原因是学生对文言文不熟悉，只能照原文背，不会添字减字，不会颠倒次序。背诵白话文就不一样了，学生掌握了母语的口语，口语和白话文有一致的地方，所以，口语会干扰白话文的背诵。

（1）我与父亲不相见已二年余了，我最不能忘记的是他的背影。（朱自清《背影》）

学生可能改换词语，背成“我和父亲不相见已经两年多了，我最不能忘记的是他的背影。”

（2）两岸的豆麦和河底的水草所发散出来的清香，夹杂在水气中扑面的吹来；月色便朦胧在这水气里。淡黑的起伏的连山，仿佛是踊跃的铁的兽脊似的，都远远地向船尾跑去了，但我却还以为船慢。（鲁迅《社戏》）

学生可能添加词语或者漏掉词语，也可能改变词语的次序，背成“两岸豆麦和河底水草发散出来的清香，夹杂在水气中吹来；月色便朦胧在这水气里。起伏的淡黑的连山，仿佛是铁的踊跃的兽脊似的，都向船尾远远地跑去了，但我却还以为船慢”。

这就需要机械记忆帮助背诵了。

第三，语言文字是一种必须熟练掌握的技能，需要比较多的机械记忆。

语言文字必须十分熟练地掌握，才能得心应手地运用；如果不熟练，就会经常出错。

为什么一些人把“水龙头”写成“水笼头”，把“粗犷”写成“粗旷”，把“气概”写成“气慨”，把“震撼”写成“震憾”？因为对“龙”“犷”“概”“撼”的读音、意义掌握得都不够熟练，容易受到形近字、音近字的干扰。

有人把“凑合”写成“凑和”，如果在教鲁迅的《阿长与〈山海经〉》时让学生多读几次、多写几次“凑合”，这样的错误是不是能够避免呢？课文里有“纸张很黄；图像也很坏，甚至于几乎全用直线凑合，连动物的眼睛也都是长方形的”这样的表述。

有人把“杀戮”写成“杀戳”，如果在教侯仁之的《徐霞客和〈徐霞客游记〉》时让学生写一写“杀戮”，会不会减少出现这样错误的可能？课文里有“最不幸的是在霞客死后三年，清兵入关南下，当地人民遭到了残酷的杀戮，霞客长子死难，徐霞客的日记原稿也散佚”这样的表述。

有人把“痉挛”写成“痉孪”，如果在教郭治的《秃鹰之死》时让学生写几次“痉挛”，会不会减少出现这样错误的可能？课文里有“1953 年日本熊本县水俣湾附近出现了一种原因不明的中枢神经性疾病：有的患者出现痉挛、麻痹、意识模糊并很快死亡”这样的表述。

有人把“修葺”写成“修茸”，如果在教彭荆风的《驿路梨花》时写几次“修葺”，这种错误是不是可以减少一些呢？课文里有“第二天早上，我们没有立即上路，老人也没有离开，我们决定把小茅屋修葺一下”这样的表述。

这些错误，都是受到近似字词的影响而造成的，对字形不够熟练，最容易产生这样的错误。苏联教育家乌申斯基曾经有过一个比喻，他把不能巩固地掌握知识比作喝醉酒的马车夫，马车夫忘记了车上所装载的货物，于是一路走，一路把车上的货物丢光。在语文教学的领域里过分反对死记硬背，不就是在培养这样的马车夫吗？

四、对中小学生，不宜仅仅提倡“学以致用”，忽略知识的积累

“反对死记硬背”还有一个含义，就是反对学了知识但是不能运用。本节开头说到吕叔湘先生认为“死记硬背的方法要改变”，是针对“你光有知识，你不会用那些知识”说的。如果吕先生的意思是“反对只会死记硬背”，对于一般人来说，当然是对的。不过对于中小学生来说，恐怕不能过多地强调“会用”知识。他们的任务主要是学习知识；过分地强调学以致用，就会干扰主要任务。

第三节
认识误区之三 ——“文道统一”

说到“文道统一”，大家可能会想起张志公先生，他是十分强调“文道统一”的。其实，“文道统一”不是张志公先生的发明，这是古已有之的理论。中国古代文艺理论把文学作品分为志与文、意与辞、实与华、情与采等，每一组都是两个方面，认为两个方面是统一的。这“志、意、实、情”都是内容，也就是“道”；“文、辞、华、采”则是形式，也就是“文”。没有“道”，“文”就无法存在；没有“文”，“道”就无法表现。譬如李白在写《静夜思》之前，脑子里还没有见月思乡的“道”，就不可能有笔下“床前明月光……”的“文”；而没有“床前明月光……”的“文”，李白见月思乡的“道”也无法表现出来。所以，在文艺理论的领域，“文道统一”的理论是对的。

但是，到了语言学领域和语文教学领域，这个理论却十分可疑。

一、“文道统一”的片面性

电影《赵一曼》里的地下工作者在窗台上摆了一个插花的花瓶，表示“安全，可以来联系”的信号，所以老曹被捕时，故意把花瓶撞到窗外，撤除了安全信号。电视剧《黎明之前》里的地下工作者被捕前，把一盆花摆到窗台上，表示“危险，不要来联系”；敌人进来挪走了花盆，企图诱捕更多的地下工作者。而小说《红岩》里的成岗，则在被捕前把小扫帚挂到窗外，表示“危险，不要来”，保护了其他地下工作者。

从信息学的角度看，花瓶、花盆、扫帚都是信息载体，而“安全、危险”则是信息内容。信息载体是“文”，信息内容是“道”。很明显，这“文”与“道”的联系是任意的。同样是花，搁在窗台上表示了相反的信息，这“文”与“道”怎么是统一的呢？而花盆和扫帚是不同的“文”，表示的却是相同的“道”，“文道统一”又怎么理解？

在语言学当中，强调的是“文”与“道”的约定俗成，不强调“文道统一”。不同民族的人们，用不同的“文”去表示相同的“道”，于是各个民族语言里同一个意义的词，读音就都不相同。例如“五”这个数词，汉语普通话读 wǔ，英语读 faiv，俄语读 biaqi，法语读 senk，日语读 ngo，越南语读 nam[①]……这是人们彼此约定而形成的。各个民族的语言当中，都有用同一语音表示不同意义的同音词，例如汉语的“原因、元音”“攻势、宫室、工事、公事”“实事、时事、石室、时势”，英语的 right（正确的）、write（写），这也是约定俗成的。这里的读音是“文”，表达的意思是“道”，这“文”与“道”互相矛盾，高度不统一，怎么能说“文道统一”呢？

读读马克思主义哲学，可以找到答案。马克思主义哲学有一部分讲“形式和内容”，指出形式和内容既是对立的，也是统一的。

形式和内容的对立，表现在一个形式可以表现多个内容，一个内容可以由多个形式来表达。新的内容可以利用旧的形式去表现，旧的内容也可以用新的形式表现出来。毛泽东诗词就是利用旧形式表示新的内容，这就是人们常说的“旧瓶装新酒”；文言文翻译成白话文就是利用新形式表示旧的内容，这就是“新瓶装旧酒”。形式是“文”，内容是“道”，形式和内容的对立就是“文”与“道”的对立。

形式和内容的统一，表现在形式和内容互相依存，一方面不存在，另一方面也就不存在，世界上没有无形式的内容，也没有无内容的形式。花瓶只有跟“安全”的信息（道）联系在一起，花瓶才是信息载体（文），

① 以上五处外语的读音为作者用字母拼写的近似读音。

否则花瓶就只是一个摆设；“安全”只有依靠花瓶或者其他什么事物表示出来，才是信息。所以形式和内容的统一就是“文”与“道”的统一。

张志公先生是著名的语言学家，他当然比一般人都要明白同音词是“一文多道”，同义词是“一道多文”，也就是说，他比一般人都要明白“文道对立”。为什么张先生要强调“文道统一”呢？张先生幼年时候就受到“五四”精神的熏陶，具有强烈的反封建意识。他反对私塾教育那种只讲背书，不注重理解的状况，也就是“文道分离”或者“文道对立”的状况。他跟我小时候见到的民国时期的语文教师一样，提倡理解，提倡领会文章的思想内容，反对“文道分离”，自然要提倡“文道统一”。民国时期有一个相当强大的“文道统一”的思潮，张先生的说法，是那个思潮的继续。

从马克思主义哲学来看，“文道统一”的观点没有错，但是“文道统一”只是事情的一个方面，“文道对立”是事情的另一方面。只提倡“文道统一”，忽视了“文道对立”，就产生了片面性。这就是语文学界“文道统一”论的破绽。

二、语文教学中可以“文道分离”

在语文教学当中，有时候可以强调文道统一，例如教学生学习词汇，就必须让学生读准音，写好字，学好“文”；同时也要解释词义，让学生掌握“道”，体现“文道统一”。但是，在大多数场合，文道是可以分离的。在语文教学中强调“文道统一”，会带来很多消极的后果。

第一，放弃背诵的最好时机。

私塾里就是利用了文道可以分离的特点，利用学生记忆力强的时候让学生多背诵一些文章、书籍，即使不理解也要背诵。如果这个时候提倡“文道统一”，硬要让学生去深刻理解文章的内容，实在是得不偿失，而且容易闹笑话。我四岁多进私塾，学《三字经》时，老师教我“人之初，性本善”，我背下来了。我只有四岁多，能理解什么是“人之初”，什么是“性本善”吗？不怕见笑，那“性本善、性本恶”我是在大学时才理解的。老师教我“苟不教，性乃迁”，我把“苟不教”理解成“狗不叫”，还十分高兴，所以“苟不教，性乃迁”也是在实际上不理解的情况下背下来的。后来我学习《百家姓》，完全背下来。这《百家姓》是“文”，里面的“道”只有两个字：姓氏。足见背《百家姓》实际上是只学文。如果强调“文道统一”，那么，《百家姓》里没有什么“道”，岂不是根本就不要背诵了？所以在学生记忆能力最强的时候强调“文道统一”，会放弃背诵的最好时机。

私塾里教《左传》《孟子》，老师也只是讲解词语，对一篇一篇文章的内容完全不顾，可见私塾里做得过火了。过犹不及，私塾里的做法就成了人们攻击的目标，到了民国年间，老师便从一个极端跑到了一个极端，由完全不讲解到一讲到底。

第二，使教师不敢放手去教“文”。

因为社会上强调“文道统一”，反对“文道分离”，所以，教师都有“文道分离”的压力，不敢离开了“道”去教“文”。二十世纪五十年代末，我听到一个说法，说语文课要“字不离词，词不离句，句不离篇”，这就是说，讲字、词、句，统统要跟意义相联系，也就是跟“道”不分离，凡是有分离嫌疑的事，都不能做。例如听写字词、辨别形近字、默写课文段落、做句式变换练习等，都已经离开了或者暂时离开了“道”，这样的练习，课堂上却极少进行。由此波及能够同“道”相联系的造句练习、辨别近义词的练习、词语填空练习等，也同样极少进行，除非是为了准备高考。这就助长了重分析、轻语言文字训练的倾向，使得教师不敢放手去教“文”。

第三，堵塞了语文教学改革的思路。

“语文教学改革”的口号喊了好多年，也进行了好多年，结果依然是

“文选式，分析型”，万变不离其宗，原因之一就是在语文教学领域贯彻了“文道统一”的理论。“文道统一”显然已经堵塞了语文教学改革的思路。

1957 年至 1958 年的汉语、文学分家，就是文道分离的例子，至少有文道分离的成分。当时的《汉语》课本，讲汉语拼音、词汇、语法、修辞，除了引用文学作品的例子之外，《汉语》跟《文学》课本完全没有关系。《文学》课本则选择了古今中外的文学作品，同《汉语》课本也不搭界。这本来就是语文教学改革的一条很好的思路，但是实行了两年就取消了。为什么那么快就取消？对语文教学界来说，至今依然是一个谜。是不是因为要“文道统一”？

社会上对语文教学效果不好的批评，主要集中在中学生语言文字不过关这一点上。如果未来的语文教学进行分科，说不定是一种很好的办法。假如把语文课分为汉语、阅读、写作三门课，各司其职，效果会不会好一些？汉语课也使用文选，但是只让学生学汉字、词语、句式，通过大量练习，牢固地掌握汉字、词语、句式等内容。这样一来，语言文字至少是“三分天下有其一”，不至于遭遇“蜻蜓点水”的命运。阅读课可以选读古今中外大量的文学作品和其他文章，教师可以稍稍进行讲解，略作点拨，引导学生进行各种各样的解读，让学生受到优秀作品的熏陶，语言文字也可以捎带学习。写作课也可以选择大量的作品让学生阅读，吸收其精华，掌握其语句，模仿其写法，在大量阅读的基础上，主要由学生自己命题进行写作，这样，学生可以免除“无米之炊”的苦恼。要做到这一点，就必须强调文道可以分离。

三、“内容决定形式”造成的后果

马克思主义哲学对形式和内容还有一个延伸的论述，那就是内容决定形式，形式依赖于内容。有了一定的内容，就有与之相适应的形式，所以内容起决定作用；内容变化了，形式也得跟着改变。形式对内容也有反作用，当形式适合于内容时，形式会促进内容的发展；当形式不适合于内容时，内容就要冲破原有的形式，这时就有新的形式出现，来为已经发展了的内容服务。

用这个论断解释上述问题，确实非常有说服力，但是“内容决定形式”的论断具有极大的复杂性，不能进行简单的理解，解释其他问题，就不一定能够套用。语言学界从来不承认内容能够决定形式，因为谁也说不清“五”这个内容为什么决定了 wǔ 这个形式，更说不清为什么这个内容决定了在英语里要采取 five 这个形式，也说不清 wǔ 和 five 的形式对“五”有什么反作用。在文艺理论的领域，从二十世纪五十年代到现在，常常有“内容决定形式”的争论。一些文章强调内容起着主导的、决定的作用，内容决定形式，形式为内容服务。但是，这种论断说服力不强，说明不了为什么《红楼梦》可以采取小说、电影、戏曲、电视剧等多种形式，而且电影、戏曲和电视剧都有不止一种。同一个内容有这么多的形式，还能够说“内容决定形式”吗？

“内容决定形式”的论断是师范院校中文系课堂里讲授的内容，对语文教学是有影响的。“内容决定形式”论和“文道统一”论结合在一起，就必定是“道”决定“文”。既然“道”起主导作用，重头戏也就“道”身上，于是课堂里便用大部分时间去分析“道”，重分析、轻语言文字训练的教学模式就有了强大的理论根据。

第四节
认识误区之四 ——“兴趣是最好的老师”

“兴趣是最好的老师”，好像二十世纪六十年代就听到过这话，似乎八十年代开始大流行。最近这些年，这句话简直成了“真理”，许多文章都引用。这话到底对不对？在别的领域，我不敢胡猜，但是在阅读课教学的领域，“兴趣是最好的老师”肯定是个认识误区。

一、语文课是学生最不感兴趣的课

几乎每个班级都有一个或者几个喜欢学习语文的学生，有的甚至到了痴迷的程度，其中个别学生还能够在报刊上发表点文章，甚至出版诗集。可惜的是，这样的中学生太少太少。能够出版诗集的学生，我这一辈子只碰到了两个，有一个还不是我班上的。

多数学生喜欢语文课本；课本刚拿到手，只一两个晚上便看完了。学生天生的求知欲望，语文课本中文学作品的魅力，刚拿到课本时的新鲜感，促使他们快速地阅读了整个语文课本。在课外，他们也喜欢读书，尤其是对文学作品，常常爱不释手，于是他们成了图书馆的常客。现在有了电子图书，课外阅读就更加方便了。可惜的是，这样的学生现在越来越少，他们忙于应付考试，“三日一小宴，五日一大宴”，没有工夫读书，便只好放弃课外阅读。

喜欢语文课本，喜欢课外阅读，这绝不意味着他们喜欢语文课。至少百分之七十以上的学生不喜欢语文课。不喜欢语文课的学生所占比例的大小，取决于许多因素，最主要的因素是教师的本事。一个语文教师，如果学识丰富，或者讲课生动，或者有某些学生佩服的语文特长或者其他特长，不喜欢语文课的学生比例便小一点，反之则大一些。不管这个比例有多大多小，反正有不少学生不喜欢语文课，这是不争的事实。学生常常在语文课堂上打瞌睡、做数学题、背外文单词、思想开小差、看其他的书、玩手机游戏……

我发觉，校长们最希望语文课讲得有声有色，生动异常，常常对语文教师强调要激发学生学习语文的兴趣。他们反复强调“兴趣是最好的老师”，大概是因为他们对于学生厌学语文有切肤之痛吧。语文老师也真卖力气，使尽浑身解数来引起学生学习的兴趣。五六十年代，没有什么电化教育的手段，教师便用范读课文来吸引学生、感染学生；有时也使用一些挂图、表格增加学习的兴趣。有了谈话法，教师便设计各种各样的问题，希望引起学生的兴趣，防止学生打瞌睡、思想开小差、背外文单词。什么手段不用啊！记得二十世纪八十年代的《中学语文教学》杂志上登载了一位教师用扑克牌变魔术引起学生兴趣的事例。一些教师苦练口才；有一位教育局副局长告诉我，某校语文教师在家里对着录音机讲课，修改自己的讲词，以便讲得更生动有趣些。进入二十一世纪，课件大规模流行，使用课件吸引学生，成了语文教师们常用的手段，于是一会儿放录音，一会儿放视频，教室里五光十色。现在，“兴趣是最好的老师”的调子越唱越高，课堂里的表演也越来越花样翻新，以至于现在出现了“不读书的语文课”，学生只看课件表演，只进行无边际的讨论。可惜的是，学生还是不买账，大多数学生依然对语文课不感兴趣。

为什么这么多增加兴趣的努力都化为泡影？我把怀疑的眼光盯上了“兴趣是最好的老师”这个论断上，这肯定是个认识的误区。

二、私塾里的学生为什么学习那么来劲？

通过时光隧道，我们回到古代去看看吧。

很奇怪，私塾里的学生，成本地背诵《四书》《左传》《诗经》《幼学琼林》等等，他们哪儿来那么大的劲头？不错，老师手里有戒尺，但是，正如鲁迅在《从百草园到三味书屋》里所说的，老师的戒尺并不常用，通常不过是喊几声："读书！读书！"体罚对学生起的作用很有限，绝不能用来解释成本地背诵而依然兴趣盎然的事实。

我五岁多时背诵《百家姓》，大约二十来天就背会了全文，一点也没有枯燥感。我的劲头又从哪里来？我仔细回忆了背诵的过程。第一天我背"赵钱孙李，周吴郑王，冯陈褚卫，蒋沈韩杨，朱秦尤许，何吕施张，孔曹严华，金魏陶姜"，背会了，我很高兴。第二天背"戚谢邹喻，柏水窦章，云苏潘葛，奚范彭郎，鲁韦昌马，苗凤花方，俞任袁柳，酆鲍史唐"，背会了，我又很高兴。看着背会的越来越多，没有背会的越来越少，心里那个高兴劲儿就甭提了。是什么鼓舞着我？成就感！

我老想起私塾里那种人声鼎沸的场面。常常听见他们引用古书上的话，信手拈来，左右逢源，如碰到某个同学为老师做点事，他们就说"有弟子服其劳"；说起日本鬼子，他们就说"多行不义必自毙"；希望别人多考虑，就说"愿足下更虑之"。类似的事情天天都有。能够脱口而出，就必定有成就感，学习的劲头就更足。天天书写的大字、小字，天天做的作文在桌子上越堆越高，看到自己的字越写越漂亮，看到自己的文章越做越有进步，也会产生成就感，鼓舞学生更加努力学习更多的东西。

看起来，成就感是兴趣的基础，有了成就感，兴趣才可能是最好的老师。

我们在批判私塾的传统教育的时候，也就是在泼脏水的时候，又倒掉了一个可爱的孩子——成就感。

三、师生"落差"太小，学生不可能感兴趣

为什么学生面对具有艺术魅力的文学作品课文却产生厌学的情绪？语

文教师最为辛苦，费了那么多的力气批改作文，看了那么多的材料编织教案，准备了那么多的问题进行课堂提问，收集了那么多的课件进行演示，却落得个学生冷冷淡淡、深度厌烦的结果。什么原因？

1970 年左右，北京市刮起了一股“一专多能”风，就是一个教师要教三四门课。这可能是军宣队、工宣队的主意。他们对当时的学校是有功的，但是对教育却是全方位的外行，常常说：“你们都读过大学，为什么还要备课？”“你们大学毕业了，怎么才教一门课？奇怪！”在他们眼里，“备课”是因为在大学没有学好，“才教一门课”是教师不愿意好好工作，这都是“知识分子没有改造好”的表现，于是老是希望教师们多教几门课。

我从北京二十六中听到了“一专多能”的消息，心里暗暗高兴，知道这是了解语文课同其他课有什么区别的极好机会，千载难逢啊！好在我初中学的数学、物理、化学等大多没有忘记，于是向军宣队、工宣队申请在教语文课的同时，教初中代数课和几何课，当场就获得了批准。

我上第一堂数学课就发现，学生学习劲头非常足，两只眼睛十分有神，注意力异常集中，我感到了一种前所未有的痛快！这跟语文课上学生无精打采、爱学不学的状态形成了鲜明的对比。虽然当时“读书无用论”盛行，但是对于数学作业，学生相当认真，不像语文作业那样马马虎虎，似乎“读书无用”在数学课里不存在了。为什么会有如此鲜明的对比？过后一分析，我马上明白了：师生的“落差”不一样。

代数课、几何课，师生的“落差”很大，例如代数里的乘法公式、因式分解、一元一次方程式等，学生完全不知道。几何里的三角形三个内角之和等于 180 度、三角形的外角等于不相邻的两个内角之和，这些知识学生也是一无所知，所以课堂上讲授的内容，对学生来说，全都是新的信息。上一节课，他们感到有收获，有成就感，能够满足他们的求知欲，所以有兴趣，学习的劲头十足。

语文课不一样。一篇一篇的课文，教师懂，学生也懂，师生之间没有什么明显的“落差”。例如朱自清的《背影》，学生也能够读懂，知道这是写父子深情；教师能够比学生懂得多多少？还能够悟出更多的道理吗？除了几个字词，教师没有多少比学生高明之处。教师不能像在数学课上那样给学生新的信息，学生上了一节课，往往感到一无所获，没有成就感，也就不可能产生兴趣。“兴趣”都不存在了，怎么能够成为“最好的老师”？

“难道每个老师的每节语文课都让学生没有收获吗？”当然不是。有时候，教师能够给学生一点新的信息，但是这样的机会不多，那一点点新的信息，数量太少，不可能让学生产生成就感。

四、语文课上学生为什么一无所获或者收获很少？

毛泽东主张开调查会，“开调查会，是最简单易行又最忠实可靠的方法，我用这个方法得了很大的益处，这是比什么大学还要高明的学校。”“开调查会每次人不必多，三五个七八个人即够。”（毛泽东《〈农村调查〉的序言和跋》）本人听从毛泽东的教导，经常开调查会。每个学期开头，常常约好三五个敢于直言的学生，请他们“知无不言，言无不尽”。由于常常利用课间10分钟，没有座位，无法“座谈”，所以名之曰“站谈会”。每次站谈会，人数不少于2人，也从来不多于4人。在多数情况下，是针对我本人开站谈会；由于我是教研组长、职称评委，所以我也能够召开站谈会评论校内其他教师和外校教师的语文课。

语文课为什么使学生没有收获呢？

第一，提出用课文里的词句回答的问题。

【站谈会之一】

师：刚才学了毛主席的《为人民服务》这一课，有什么意见？

生1：我们“天天读”的时候读了无数遍，早就读懂了。老师应该讲一点新鲜的东西，比方说，对司马迁的话多做些介绍。

生2：司马迁的话明明白白，还介绍什么？……唔，对了，“或重于泰山，或轻于鸿毛”，您说“或……或……”是“有的（人）……有的（人）……”，我看这是这一节课唯一的收获，我原来以为是“或者……或者……”呢。

生1：您提问：“不管是炊事员，是战士，只要他是做过一些有益的工作的，死了就应该开追悼会，为什么？”这个问题还用问吗？毛主席说得清清楚楚。您点名问我，我立刻就回答了：“用这样的方法，寄托我们的哀思，使整个人民团结起来。”

您问“为什么‘我们的同志在困难的时候，要看到成绩，要看到光明’？”几个同学回答说：“要提高我们的勇气”“为了‘取得全民族的解放’”。回答全是书上的话，书上都说了，提问有什么用？

提问用课文回答的问题，不过是让学生在课文里找一找现成的答案，学生当然会收效甚微。

第二，提出让学生“对号入座”的问题。

请先看一段《社戏》的课堂实录。

师：作者写气味、声音、心情、动态，哪些词用得好？为什么？（板书“气味、声音、心情、动态”）

生1：“清香”用得好，写出了豆麦和水草的气味，很真实。

生2：“潺潺”用得好，写出了水声，好像让我们听到了声音。

生3：我觉得“自失”“弥散”用得好，表现了“我”陶醉了。

生4：“起伏”“踊跃”用得好，把山写活了。

【站谈会之二】

师：我刚才问“作者写气味、声音、心情、动态，哪些词用得好？为什么？”你们觉得容易回答吗？有什么困难吗？

生1：李老师，问这些问题有用吗？我看什么用也没有。回答太容易了。您黑板上都写了“气味、声音、心情、动态”，我们只要找到合适的词，对号入座就可以了。您这是“撒网捞鱼”，“鱼”是现成的，“捞鱼”

一点也不费劲儿。

生 2：一点也不费脑筋，这谁还不会回答？您要是列出几个词让我们选，比如说写气味，“清香、浓香、淡香、什么香”让我们选，这就难了。

生 3：要回答为什么用得好，非常容易：真实、生动、真切、传神、贴切、恰当、入木三分……哪个词都可以用，随便说一个两个词就行，语文课上听得多了！

提出“气味、声音、心情、动态”好在哪里，好比撒网；让学生回答具体问题，好比是“捞鱼”。看起来，用“撒网捕鱼”的办法提问值得研究，学生如果知道“鱼”在哪儿，这“网”撒下去没有用；要是学生不知道“鱼”在哪儿，无法回答，这“网”也白撒了。无论学生知道不知道，学生都会没有什么收获。

第三，提出极容易回答的问题。

请看《石壕吏》的一段教学实录。

师：“老翁逾墙走”怎么解释？

生 1：老翁翻墙而逃。

师：老翁翻墙而逃，为什么不出门而逃？

生 2：怕出门碰到了“吏”。翻墙而逃，“吏”在门前逮不着。

师：老翁为什么要逃？

生 3：因为他怕被抓去当兵。

师：抓兵，一般都抓年轻人，要抓老翁，老翁都吓得跑了，说明了什么？

生 4：说明年轻人都给抓光了，只剩下老头儿，所以见老头儿就抓老头儿。

【站谈会之三】

师：刚才张老师问“老翁逾墙走”怎么解释，你们认为问得好吗？

生 1：全是“大实话”，问老翁为什么逃，这不明摆着吗？怕抓去当兵，还有别的解释吗？

生2：问为什么翻墙，也用不着，因为出门就被逮着了。

生3：其实，问为什么抓老头儿，也用不着问，谁不知道是因为年轻人抓光了？

师：这么说，你们都认为张老师刚才问得不好？

生1：岂止是张老师？哪个语文老师都一样，语文课上尽问一些连想都不用想就能够回答的问题，我们都听惯了，听腻了。

第四，问一些模模糊糊的问题。

这里以朱自清《背影》课文后面的练习为例。

一　课文选取“背影”这个表现角度，好在哪里？你从文中父亲的“背影”联想到什么？

二　有感情地认真朗读课文，找出课文中描写背影的句子，并加以揣摩，然后回答问题。

1. 口述父亲过铁道买橘子的过程。在这段文字中，哪些词句最富于表现力？为什么？

2. 课文最后又写到父亲的背影，有什么作用？

3. 课文写作者一见父亲的背影就流泪，这是什么原因？

三　一些语句，或者能标志事情的起因、经过、结果，或者在写人叙事状物方面富于表现力，或者含意深长，耐人寻味，或者最能表现作者的情意，这样的语句称为关键性语句。试联系上下文，指出下列关键性语句的表达作用。

1. 我与父亲不相见已二年余了，我最不能忘记的是他的背影。

2. 那年冬天，祖母死了，父亲的差使也交卸了，正是祸不单行的日子。

3. 唉，我现在想想，那时真是太聪明了！

四　课文写父亲送儿子上车过程中说的四句话，都很简短，意思也很平常。试找出来，并联系上下文，体会这些话语朴实而简洁的特点，以及所表达的怜爱儿子的深情。

师： 你们觉得这样的练习有用吗？

生 1： 这些练习简直是一团烟雾，让你迷迷瞪瞪，什么也抓不着。问课文选取“背影”这个表现角度，好在哪里，好在哪里都可以，好在亲切、好在生动、好在形象、鲜明、让人难忘、让人浮想联翩……这种迷雾似的问题，有什么用？

生 2： 没法回答，“指出下列关键性语句的表达作用”，“表达作用”怎么回答？反正我说不上来。

生 3： 也不一定都说不上来，第四题“所表达的怜爱儿子的深情”，人家已经给了答案，我就用不着回答了。

师： 你们希望做什么样的练习？

生 1： 我希望做一点注音练习，“奔丧”的“丧”是读第一声还是读第四声，我拿不准；“琐屑”的“屑”是读第二声还是读第四声，我也拿不准。

生 2： 干吗不做点辨字练习。“狼藉”的“藉”可能会写成“书籍”的“籍”；“晶莹”的“莹”跟“荧光”的“荧”也应该辨别一下。这些有用的练习不做，专门让我们做那些模模糊糊的练习，真是莫名其妙。

学生不希望做那种模模糊糊的练习，是因为做了也没有收获，让他们没有成就感。在重分析、轻语言文字训练的教学模式中，语言文字的训练往往一带而过，甚至根本没有进行，然而，进行语言文字的训练，正是让学生获得成就感的好机会。

第五，讲多次重复的问题。

请看《向沙漠进军》课堂实录：

师：“沙漠逞强施威，所用的武器是风和沙。”这里用了什么修辞手法？

生 1： 这是比喻，“武器”就是个比喻。

师： 比喻有三种，这是什么比喻？

生 2： 比喻词是“是”，这是暗喻。

师：这段话里还有比喻吗？

生3："游击战"和"阵地战"好像也是比喻。

生4：不像，如果"游击战"和"阵地战"也是比喻，那比喻词是什么？

生3：好像是"称为"吧。

师：说得对。"游击战"和"阵地战"也是暗喻。

【站谈会之五】

师：你们的秦老师说，《向沙漠进军》里有好几个比喻，你们感兴趣吗？

生1：没有兴趣，干吗老讲比喻？听腻了。

生2：从小学一年级就讲比喻，九年了，堂堂语文课都讲比喻，烦透了！

生3："游击战"和"阵地战"这两个比喻好像新鲜一点。

生4：新鲜什么？不就是比喻词是"称为"吗？不讲，我们想一想也知道。

第六，语文课可不可以不上？

【站谈会之六】

师：看来，你们对语文课意见很大，好像学不学都没有什么关系，是吗？

生1：学不学真没有什么关系。去年刘希杰病了一个月，没来上课。等他来了，赶紧去补数学课、外语课，人家就不补语文，期末语文照样考了95分。

生2：钱文霖说他上语文课从来不听讲，回家也从来不复习语文课，可每次都考90分以上。他告诉我说：你放心，语文不可能不及格，语文考个不及格，比考100分还要难。

生3：我听说一件怪事，有个语文老师有两个儿子，老大今年参加高考，老二今年参加中考，事后她把高考题拿回家给老二做，结果两个人得分一样多。

学生说的情况曾经见过报。我的一位同事干过一件更稀奇的事，他把高考试卷拿来给一个高三学生、一个初三学生和一个小学六年级的学生做，他来判卷子，结果三个人得分差不多。

学生在语文课上没有成就感，就到了学不学几乎没有什么不同的地步！谁还有兴趣呢？以为兴趣是最好的老师，在增加兴趣上下功夫，对语文课有什么作用呢？根本问题是没有成就感啊！

我们不反对激发学生的兴趣，但是，激发学生对语文课的兴趣，必须建立在学生具有成就感的基础上。

第五节
认识误区之五 ——“教师应该起主导作用”

二十世纪六十年代初就听行政领导说“教师应该起主导作用”。什么是“主导作用”？没有一篇文章清清楚楚地阐述过，这似乎是一个用不着研究的问题：教师嘛，天经地义就应该起主导作用，应该主讲课程，把学生引导到某个知识领域。在其他课程当中，教师可以起主导作用；在语文课的讲解、练习当中，教师也可以起主导作用，但是在语文课的分析课当中（仅仅是在分析课当中），“教师应该起主导作用”肯定是一个虚假的命题，是一个认识误区。

“教师的主导作用”究竟是什么样的作用？我们看看下面《故乡》一课的课堂实录片段。我引用这个课堂实录，绝没有一丝一毫批评讲课老师的意思。这位老师其实也是重分析、轻语言文字训练这种低效模式的受害者。

一、《故乡》的部分课堂实录

这位老师教《故乡》，让学生提了许多问题，他归纳成七个方面，这里的“讨论闰土”是第四个问题，也是《故乡》教学中最重要的问题。

师：现在我们来解决关于闰土的问题。谁先提？

生1：闰土和“我”小时那么好，现在为什么要叫“我”“老爷”，而且还叫水生磕头？

师：谁能回答？

生 2：这是封建等级观念对闰土的毒害……

师：你怎么知道的？是自己想出来的吗？还是书上看到的？啊，我打断你的话了吗？对不起。不过我不能不问一个我不明白的问题：这个问题你怎么回答得这样好呢？

生 2：我们历史课上刚读到过董仲舒提出的三纲五常……（众笑）

师：你看她把历史知识运用到语文课上来了，多聪明啊！我对你们的学习是充满了信心的！还有问题吗？

生 3："我"很想见到闰土，但闰土来了后，"我"并不感到高兴，有许多话要说，却又吐不出口，为什么？

师：好，我们来想象一下：如果闰土一来，"我"就连珠炮似的向他提出许多问题，猹啊，鬼见怕啊，跳鱼儿啊……（笑）不行吗？

生 4：不行，都老了。（笑）

生 5：心情不好。因为"我"是来辞别故乡的，闰土是来辞别"我"的。

师：是啊，心情不好，否则即便是老头子也会热烈交谈起来的。

生 6：闰土已不是记忆中的闰土了。

师：对！那么闰土现在变得怎样啦？

生 6：变麻木了。

师：好，"麻木"这个词找得好。书上有一个比喻，怎么说？

生 6：像一个木偶人了。

师：对，闰土的封建等级观念强起来了，精神又很麻木，再加上"我"和闰土的心情都不好，所以就说不出话来了。还有别的问题吗？

生 7：本文题目是《故乡》，却为什么主要写闰土和迅哥儿的关系？为什么还要写那么多闰土的外貌？

师：好，先看外貌。少年闰土和中年闰土外貌有哪些不同？少年闰土怎么样？请大家尽量不要看书，凭记忆来回答。

生 8：紫色的圆脸，头戴一顶小毡帽，颈上套一个明晃晃的银项圈。

生 9：手捏一柄钢叉。

师：这是什么样的形象？

生9：小英雄的形象。

生8：见人很怕羞，只是不怕我。

生9：能抓小鸟雀。

师：对对，但我们扯开了，还是讲外貌。他的手怎么样？

生8：红活圆实。

师：有没有“偷”看过书？没有？你的记忆力很好！再看中年闰土，他的外貌怎样。

生8：小毡帽成了破毡帽。

生9：紫色的圆脸成了灰黄色的了，而且加上了很深的皱纹。红活圆实的手变得又粗又笨又开裂像松树皮了。身材增高了一倍。

生8：眼睛周围都肿得通红。

师：为什么？

生8：太辛苦了。

生9：海风吹的。

师：啊，他说得好，书上就是这么写的。

生8：现在的闰土浑身发抖。

生9：手上的钢叉变成了长烟管。（笑）

师：讲得真好！记性好，而且能前后对照！好，这样对比着写有什么作用呢？

生8：这说明闰土生活艰苦。

生9：不是“艰苦”，是“困苦”。

生8：辛苦。

生10：痛苦。

师：究竟怎么说好？

生11：困苦。

师：好，我同意“困苦”。但闰土的生活“困苦”又说明了什么？

生11：说明故乡日趋破产。

师：“日趋”这个词用得真好。你会解释这个词吗？

生 11： 就是“日益”。

生 6： 一天比一天。

生 7： 一天天走向。

师： 对！“趋”是走向的意思，“益”呢？

生 7： 更加。

师： 对了，这就是两个词的区别。“日益”是“一天比一天更加”，“日趋”是“一天天地走向”。农民生活怎样？

生：（齐）日益贫困。

师： 农村经济怎样？

生 7：“日趋”破产。

师： 对！农民社会日益贫困，说明农村经济日趋破产。还有什么问题？

生 12： 104 页第 8 行，小英雄的形象为什么“忽地模糊”了？

生 13： 因为“我”和闰土之间有了隔膜。

师： 从哪里可以看出？

生 13： 叫“老爷”了嘛。

师： 对！这“老爷”两个字使“我”感到在“我”与闰土之间已隔开了一层——

生：（齐）可悲的厚障壁。

师： 有这厚厚的障壁遮着，小英雄的形象不就模糊起来了？还有什么问题？

生 14： 102 页倒数第 3 行，为什么闰土拣了一副香炉和烛台？

师： 烛台是什么？

生 14： 插蜡烛用的东西。

师： 对！那么香炉呢？

生 14： 插香用的东西。

师： 都用来干什么？

生 14： 求神拜佛。

师： 对。书上用什么词句？

生14：“他总是崇拜偶像。”

师：对。为什么要特别写出这一点？

生14：闰土相信迷信。

生15：当时科学不发达，农民感到命运没有依靠。

师：对，命运没有依靠，就只好崇拜偶像。不过，偶像又是什么东西？

生15：泥塑木雕。

师：求泥塑木雕来保佑自己，认为一切都已命中注定，这是一种什么思想？

生15：宿命论！

师：当时农民有宿命论思想，课文中还有其他例子吗？

生14：戴银项圈。

生15：取名叫闰土。

师：写出这些为了表明什么？

生14：当时一些农民精神麻木。

师：好，还有别的问题吗？

生16：闰土为什么要把碗碟埋在灰堆里？

师：闰土把碗碟埋在灰堆里，这是谁说的？

生：（齐）杨二嫂！

师：那么，究竟是不是闰土埋的呢？

生17：不是的。

师：为什么？说话要有根据。

生17：杨二嫂挖出埋在灰堆里的碗碟后，就自以为很有功劳，拿走了“我”家的狗气杀，这就是杨二嫂说谎的目的。

生18：可能是“我”埋的，以便暗暗地让闰土得到许多碗碟。

师：哦，原来是这样啊！（笑）

生19：如果说是闰土埋的，杨二嫂怎么会知道呢？

师：这里有个问题，闰土会偷东西吗？

生：（齐）不会！

师：为什么？

生 17：102 页倒数第 6 行："母亲对我说，凡是不必搬走的东西，尽可以送他，可以听他自己去拣择。"这样，闰土尽可以明着拿，根本用不着偷拿。

师：有道理！有说服力！我都被你说服了。我们解决问题，都应该到书中去找根据。那么，谁埋的呢？

生：(齐)杨二嫂！

师：为什么？要以文为证。

生 20：不知道是谁埋的。

师：对，就是不知道。这个是"历史的悬案"。但有一点是可以肯定的，杨二嫂以这个作为理由拿走了狗气杀。这样写是为了说明什么呢？

生 18：杨二嫂贪小便宜。

师：这个问题大家解决得很好，使我特别高兴。我曾经看到杂志上也议论过这个问题，结论是闰土是绝不会偷埋的，理由呢？跟我们这位同学所说的完全一样。这位同学如果写了文章，也可以在杂志上发表了嘛！

生：(大笑)

师：我们要树立自信心，用不着看不起自己的，对吗？那么，造成闰土变成木偶人是什么原因呢？

生 18：多子，饥荒，苛税，兵，官，匪，绅。都苦得他像一个木偶人了。

生 19：课文中说"第六个孩子也会帮忙了"，闰土为什么要生那么些孩子呢？

师：是啊！有同学提出，为什么闰土不少生几个呢？为什么不实行计划生育呢？(大笑)

生 18：中国人过去是多子多福；可是多了，生活更困难了，还谈得上多福吗？

生 19：闰土先生了许多女孩，他总想生儿子，因为女儿不是好劳动力。(大笑)

师：这我们就不知道了。课文上只说是孩子，可不知道几个男几个女。这问题不必多谈，总之，“多子”是造成闰土生活困苦的一个原因。又有个同学提出，闰土家种了那么多西瓜，自由市场上西瓜那么值钱，闰土不会挑到城里来卖西瓜吗？（大笑）

生20：那时候有许多苛捐杂税。

师：什么叫苛税？

生20：繁重的捐税。

师：有句话，叫苛捐杂税，多如——

生：（齐）牛毛！

师：卖西瓜要经过一道道的关口，过一道关口就要捐一次税，所以卖西瓜能赚钱吗？书上怎么说？

生20：“种出东西来，挑去卖，总要捐几回钱，折（zhé）了本……”

师：（板书：折）应该怎么念？

生20：“shé”了本。

师：你怎么知道的？查字典？这个字很普通，你怎么知道要查字典？

生20：老师叫我们看书要仔细。

师：哦，你们的老师真好。现在农民上市场卖农产品，很赚钱。但书上写的是旧社会的事情，那时苛捐杂税多如牛毛，出卖农产品就要折本。好，现在再来看看，使闰土成为木偶人的这么多的原因中，哪个是根本原因？

生20：苛税。

师：你要捐税，我可以不给你嘛！

生20：家里事忙，孩子多。

师：那么少生些孩子，就富裕了吗？

生21：社会制度腐败。

师：书上怎么说？

生21：兵、匪、官、绅……

师：哪个字最根本？

生21：官。

师：为什么？

生21：官管当兵的。（笑）

生22：官是剥削者。（笑）

生23：官是最高统治者。（笑）

师：有道理，不要笑。只是多了两个字，叫“统治者”就行了。官代表政权，刚才那位同学说根本原因是腐朽的社会制度，而官呢？就是维护着这个腐朽制度的。所以这篇小说的主题思想是很深的，它通过闰土变成木偶人这件事，给我们指出了当时社会制度的腐朽。也就是说，辛亥革命未能解决当时的社会问题。关于闰土，同学们还有什么问题吗？没有了？那我们来讨论杨二嫂的问题。

二、“主导作用”是一种什么样的作用？

比起其他老师来，这位老师的高明之处在于引导学生回答问题，而不是包办代替。他在课堂里十分尊重学生，那种谦虚的态度，那种机智敏捷的作风，都给人以极大的启发。

学生提的第一个问题是“现在为什么要叫‘我’‘老爷’，而且还叫水生磕头？”老师没有回答，而是问学生“谁能回答？”这就是“导”，引导学生回答。学生的回答是“这是封建等级观念对闰土的毒害”。这说明，老师“导”出了一个学生知道怎么回答的问题。

学生提的第二个问题是“‘我’很想见到闰土，但闰土来了后，‘我’并不感到高兴，有许多话要说，却又吐不出口，为什么？”老师没有正面回答这个问题，而是用反证法说“如果闰土一来，‘我’就连珠炮似的向他提出许多问题，猹啊，鬼见怕啊，跳鱼儿啊……（笑）不行吗？”这是很有启发性的，确实是起了引导作用。学生回答“心情不好。因为‘我’是来辞别故乡的，闰土是来辞别‘我’的。”这回答说明，“导”出的是一个学生暂时没有想到，但并不是他们不知道的问题，他们稍稍想一想就能够回答。

“那么闰土现在变得怎样啦？”这是老师的提问，学生脱口而出“变麻木了”“像一个木偶人了”。这是照书回答，也是一个没有新的信息的问题。对前面的谈话，教师进行了小结：“对，闰土的封建等级观念强起来了，精神又很麻木，再加上‘我’和闰土的心情都不好，所以就说不出话来了。”这是重复了前面学生说过的话，也没有什么新的内容。

第四个问题占的篇幅最大。学生问：“本文题目是《故乡》，却为什么主要写闰土和迅哥儿的关系？为什么还要写那么多闰土的外貌？”教师做了引导：“先看外貌。少年闰土和中年闰土外貌有哪些不同？少年闰土怎么样？”书上写得清清楚楚，所以教师要求学生“尽量不要看书，凭记忆来回答”。即使是凭记忆，这个学生没有记住，那个学生也记住了，课堂气氛照样很活跃。对于闰土的变化，教师问了一个“为什么？”没有把自己的看法直接告诉学生，又一次体现了这位老师的高明之处。在学生辨析了“困苦”“痛苦”和“辛苦”，教师支持用“困苦”之后，又提出问题进行引导：“闰土的生活‘困苦’又说明了什么？”这必然导出“社会日益贫困，说明农村经济日趋破产”的结论。而这个结论，老师和学生都不费吹灰之力就能够说出。

后面的问题“小英雄的形象为什么‘忽地模糊’了”“闰土为什么拣了一副香炉和烛台”，跟前面一样，学生很快就能够回答。唯独“闰土为什么要把碗碟埋在灰堆里”这个问题，要回答还有些难度，老师说：“我曾经看到杂志上也议论过这个问题，结论是闰土是绝不会偷埋的，理由呢？跟我们这位同学所说的完全一样。这位同学如果写了文章，也可以在杂志上发表了嘛！”这说明，学生的认识能力跟杂志上的文章不相上下，讨论这个问题的必要性不是很大。

最后，教师问“造成闰土变成木偶人是什么原因呢？”学生很快从书上找到了答案：“多子，饥荒，苛税，兵，官，匪，绅。都苦得他像一个木偶人了。”学生发言之后，教师进行了总结：“刚才那位同学说根本原因是腐朽的社会制度，而官呢？就是维护着这个腐朽制度的。所以这篇小说的主题思想是很深的，它通过闰土变成木偶人这件事，给我们指出了当时社会制度的腐朽。也就是说，辛亥革命未能解决当时的社会问题。”把小说主题提高到社会制度的高度去认识，学生从其他课程中也能够了解社会制度问题，所以总结也没有什么新的信息。

纵观这个课堂实录，可见“教师为主导”，只导出了两个结果：

学生立刻就能够说出的答案；

学生想一想就能够说出的答案。

教师确实在“导”，但是没有什么“作用”，没有导出太多新的信息，学生收效甚微或者几乎一无所获。也就是说，在语文课的分析课里，这样的导读没有什么作用，结果是浪费学生的时间，浪费教师的人生。

在过去，私塾里的老师只解释字词，完全不分析文章。“五四”前后，因为反对私塾的做法，表示学校里的教法跟私塾大不一样，就走入另一个极端，对文章进行详细的分析，对白话文也大讲特讲，实际上没有什么太大用处。在分析课文时“教师应该起主导作用”的说法，正是掩盖了毫无用处或者没有多大用处的事实，是“另一个极端”的华美包装。重分析、轻语言文字训练的模式，是百年来对语文教学错误认识的积淀，由一个巨大群体支撑着，这位老师又如何能够跳出如来佛的手掌心？

三、几个不难回答的问题

明白了分析课当中教师的“主导作用”就是“另一个极端”的华美包装，好多问题都很容易得到解释。

第一，为什么其他课上的教师能够起主导作用？

其他课程的教师能够导出新的信息，既“主导”，又有“作用”。这里以初中数学为例。譬如教学生一条几何定理“三角形的外角等于不相邻的内角之和”，只需要画一个三角形 ABC，然后进行证明：

设△ABC，将 BC 延长至 D，于是∠ACD 为△ABC 的外角；再以 C 为基点，画一条线段 CE，令 CE∥AB，

于是

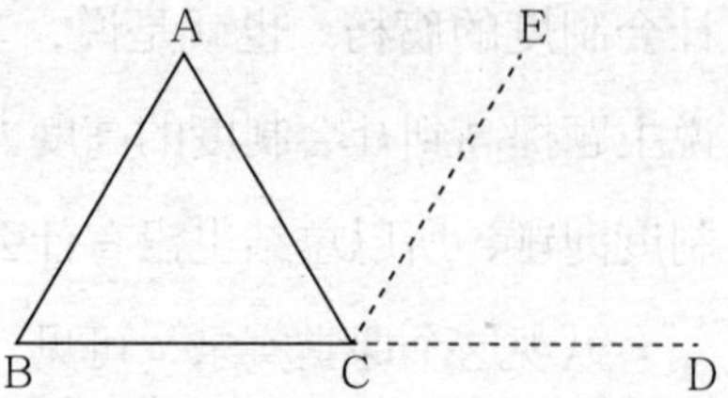

图 1

∠ACD=∠ACE+∠ECD

∵∠ACE=∠A（内错角相等）

∠ECD=∠B（同位角相等）

∴∠ACD=∠A+∠B（∠A 和∠B 为不相邻的两个内角）

“内错角相等”和“同位角相等”都是已有的知识，教师利用学生已有的知识，就可以导出新的知识“三角形的外角等于不相邻的内角之和（∠ACD=∠A+∠B）”。教师“主导”而有“作用”，这跟分析课教师“主导”而没有什么“作用”形成鲜明的对比。

有时候，在几何教学里似乎没有导出新的知识。例如求三角形的面积，学生在小学里学过“（底×高）÷2”，这是已知的信息。到了初中学几何，有一条定理“三角形的面积为底边和高的乘积的一半”，跟小学里学到的一样。可是几何定理需要证明，证明过程是：

设△ABC，其高为 AD。以 C 为基点作线段 CE，令 CE∥AB；作线段 AE，令 AE∥BC，两两平行，得▱ABCE。

∵▱ABCE 面积为 AD×BC（已知）

▱ABCE=△ABC+△AEC

而△ABC≌△CEA（边角边、角边角、边边边）

∴△ABC=（BC×AD）/2

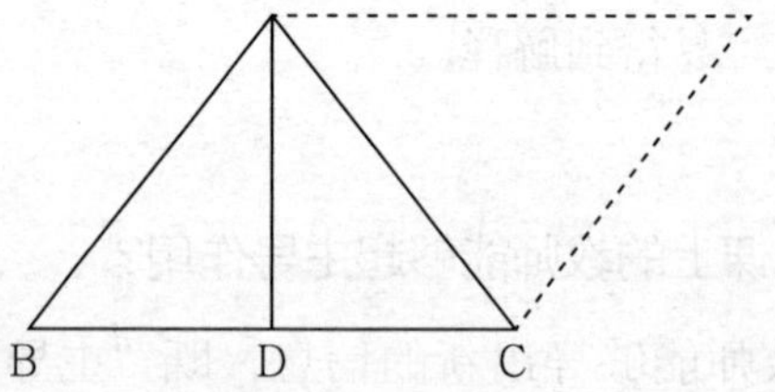

图 2

这是充分利用了已有的知识。AD×BC（底 × 高）为平行四边形的面积是已有的知识，而证明两个三角形全同的定理“两边夹一角”（边角边）、“两角夹一边”（角边角）和“三边均相等”（边边边）也是已有的知识，这三个定理任何一个都能够证明两个三角形全同。结论“三角形的面积为底边和高的乘积的一半”还是已有的知识。教师似乎“导”出了已知，似乎跟分析课一样没有新信息。可是，这个证明过程却是新的信息，学生听完后感到豁然开朗，所以教师依然能够起主导作用。

每次上完了数学课，我总感到一种兴奋，一种满足，感到为学生尽了自己的微薄之力，我越来越喜欢教数学课。每次上完了语文课的分析课，心里总是感到一种空虚，总有一种对不起学生的感觉，而且感到越来越不会教语文课了。

第二，私塾的老师为什么不在分析中“起主导作用”？

私塾的老师只对文章的词语进行讲解，从来不分析文章。在否定私塾的时候，在驳斥遗老遗少们为私塾辩护的时候，我们忘记了思索一下：为什么私塾的老师不去起这种“主导作用”呢？

从消极方面说，他们认为《四书》《五经》都是圣贤书，他们分析不了，所以不去分析。我在乡下的私塾老师万仁杰先生就说过：“这都是圣人之言，不能随便解释。”如果分析错了，那岂不是触犯圣人了？我记得他们对“孔圣人”毕恭毕敬，“言必称孔子”，学生入学先得三拜九叩首地拜孔夫子，还哪敢去分析圣人之言？万仁杰先生是方圆几十里都闻名的“大儒”，满腹经纶都不敢去分析圣人之言，一般的塾师就更加不敢了。

从积极方面说，私塾的老师从几千年积累的教学经验当中认识到，分析作品没有什么用，文章只能由各人自己去理解，教师的分析代替不了学生自己的理解，理解是一个逐步加深的过程。所以陶渊明说“好读书，不求甚解”，到了一定的阶段，才能“奇文共欣赏，疑义相与析”。现在的一些文章分析一篇作品，可以把一篇作品凌迟碎割到一句一字的地步。就我目力所及，我没有发现古代有现在似的分析文章。古代的分析文章，尤其是分析诗歌的文章，往往是概括式的，点评式的，让人进行整体把握，这说明文人学士也不认为分析得越细越好。古代社会上没有那种凌迟碎割式的分析，私塾的老师当然也不会别出心裁，干那种“披着破麻袋片唱戏——一出台就不讨好”的事。

我们否定了几千年积累的好经验，从兴办学校起就刮起了这股“分析风”，还要美其名曰“教师的主导作用”，实在是不应当。

第三，为什么许多人都能够教语文课?

我碰到过两件稀奇古怪的事。

第一件怪事是非语文教师参评语文教师高级职称。我作为职称评委，十多年来，两次碰到这种怪事。他们不是语文的科班出身，也不是语文教师，却要求评语文教师的高级职称。评委必须听课，并且组织答辩。听课时，我感到他们还真像那么一回事，板书、提问、分析文章、进行总结等，跟一般语文教师没有什么大的区别，只是感到他们稍稍胆小一点。在答辩时，我问他们：“你不是学语文的，怎么会上语文课的呢？”他们说：“听听语文课，就学会了。我们也教过几年语文。”

第二件怪事是“小将上讲台”。1970 年左右，北京市出现了一股“小将上讲台”之风，就是让学生上台讲课。工宣队带我到搞“小将上讲台”的学校去“取经”，然后让我在校内搞“小将上讲台”。我早把语文课看透了，完全知道让几个学生上讲台教语文课绝不会对全体学生造成什么损失，便帮助几个学生备课，放手让他们讲课。他们对语文教师的套路早已烂熟于心，所以上课还真跟语文教师几乎一样，板书、提问、领读等都相当自如，说话还更加随便。军宣队、工宣队也很满意，还让我写了总结，在北京市西城新街口地区作了“小将上讲台”的演讲。

说是怪事吧，其实一点也不奇怪。因为分析课当中“教师起主导作用”，导出的基本上都是书上已经有的信息，没有什么新的内容，所以许多人都敢教语文课。为什么那些参评的非语文教师不去申请数学、物理、化学、外语的高级职称呢？原因很清楚，那些课要求教师真的起主导作用，而语文课教师分析时的“主导作用”基本上没有什么作用。

第四，为什么学习文言文，学生比较来劲？

小学里流传着“一怕文言文，二怕周树人”的说法，这是因为小学生对文言文和周树人不熟悉。到了初中，学了几篇文言文，摸着了文言文的一些规律，他们就不怕文言文了，而且学习文言文，比学习白话文要来劲，注意力比较集中，讨论也比较认真。教师呢，也确实能够起一点主导作用。原因就是进行词语解释的机会比较多，教师必须讲一些文言文的知识。学生对古代的情况比较陌生，教师进行分析，他们有新鲜感，能够得到新的信息。这也从反面证明，进行白话文分析的时候，教师的主导作用实际上没有什么太大的效果。

第三章

语文教学中的浮躁情绪

前文提到，认识上的一些误区，助长了重分析、轻语言文字训练的倾向。三位老一辈的语文教学专家叶圣陶、吕叔湘和张志公，也曾说过一些过头话，那是因为他们处在同旧的传统教育的斗争当中。再伟大的人物也会或多或少地说过头话，过头话不会抹杀他们的功绩，并不属于浮躁情绪。

如果过头话说得太过分，说过头话的人太多，社会上到处都流传着极端过头的说法，就会形成一种浮躁情绪。语文教学领域就是一个充满了浮躁情绪的领域。

第一节
极端忽视低起点，盲目追求高目标

在语文教学领域，许多人心急火燎，一心追求很高的目标，忽视了学生语文基础十分薄弱、起点很低的事实，这就离开了语文教学的实际情况，被浮躁情绪支配，陷入了空谈。

一、可怜的教学起点

张志公先生苦心研究古代的语文教学，认为“三百千”（《三字经》《百家姓》《千字文》）覆盖了常用字，而古代用“三百千”启蒙，可见古代把识字当作语言文字学习的起点。鉴于以上的情况，说现在“语文学习识字始”，识字是起点，这大概没有错吧?

可是我们这起点却十分可怜。

第一，学生的情况触目惊心。

下面是北京一所重点中学的老师所做的关于学生错别字的调查材料①，摘要如下：

下面是从6名高一学生的随笔练习中查出的错别字（斜线后为错别字）：

甲：因人而异／议、与四邻／怜相处、尤／由其、毕／必竟、觉得／

① 摘自张丽《学生错别字调查及简析》，载《中学语文教学》2002年第10期。

的、在／再我看来、烦躁／燥、识相／象、尽／仅管、建议／见意、欣／心慰、畅／怅所欲言、厌恶／误、哑／牙口无言、油／由然而生、黄历／立

乙： 忘／望记、加以重视／势、另／令一种、仿佛一天天都在／再让我回味着初三时的生活、意见／件、顾／故不上、毕／必竟、招／召生、一转眼再／在看看、厌倦／卷、坚／艰定、作／做为、背／被后、无辜／孤、烦躁／燥、敢／赶想、勉／免强、可谓／为是正义的人了、担／恒心、恶势／视力、气氛／份、隔膜／模、不翼／易而散、素／宿不相识、宣／喧布、尽／仅管、导致／至、汗水直往下淌／趟、到／道底、震／振惊、下意识／示、已／以说不出话、预／遇期、疲惫／备、嘱咐／付

丙： 回应／映、暴／报露无疑、据／拒记者介绍、诞／旦生、副／复科、顾／故名思义、寄／记予、富／复有诗意、祈／乞祷、唱的／得是对爱的心情、诠释／栓示、悬殊／疏、疾／忌恶如仇、应／映了一句老话、一比即／既知一个是美的、壮／状烈、武功／工很高、停滞／溢

丁： 坐／做车买票、履／覆行、义／益务、已／以经、破天荒／黄、概括／盖扩、公／工司、工作／做、轻／清车熟路、顿感形势／行事不妙、到／倒处、飘／漂洒、协调／条、沉／陈闷、带／代来、一丝／斯欢乐、发挥／恢、相辅／府相成、记忆／意、买了几株松枝插／叉在上面、打招呼／乎、理睬／采、争／挣先恐后、喜悦／跃、感慨／概、竞／竟相开放、壮／状观、这么大的炮不会崩／蹦到人吗、厉／历害

戊： 一去不复返／反、脍／烩炙人口、立即／既、烦躁／燥、导航／行、来得及／急、现代气息／吸、舒／抒缓、与生俱／具来、截／捷然不同、犹／忧豫

己： 忽／乎略、遨／熬游、绝／决对、储备／惫、感兴／性趣、痊／全愈、惯／贯例、牵／迁强、燥／躁热、钢／刚琴、出人意／异料、名字／子、相互映／应衬、安详／祥、引申／伸义、忧伤锁／琐满了深情的眉头、那种畅／敞快的感觉、无所事事／是、作／做为

以上错别字实例出自北京市一所重点中学，普通中学情况可想而知。看到这样的情况，我们是不是感到触目惊心？我们的语文教学是不是应该

丢掉幻想，回到语文教学的起点呢?

第二，教师的情况令人汗颜。

下面是一位青年教师谈中学语文教师文字修养的文章①。摘要如下：

本文只着重谈谈中学语文教师的文字修养。我以为目前存在两个主要问题。

第一，常写错别字。先说一个例子：我看过一位学生模样的青年教师记笔记，速度很慢，而且错别字连篇。如“层次”写成“从此”，“感知”写成“敢知”，“速”写成走之旁加半个“棘”，“抒”写成提手旁加“矛”，等等。出现这样的错误实在很不应该，这些字哪一个不是常用字?

笔者近年来听过不少语文示范课、竞赛课和应聘教师的试讲课，发现都有不同程度的文字书写错误。某师范院校毕业的一位高才生，工作了十几年，教《挖荠菜》这篇课文，一动笔就将“挖”字的右边写成“究”，又将“凋谢”的“谢”字写成两点水旁。笔者还听说过一件叫人哭笑不得然而又是真实的事情：一位教师上课前没作准备，上课时碰到了课文中的一个生字不认识，忙跑回房间去查字典，查完回来往讲台上一站又忘了，引起全班哗然。

第二，滥写不规范字。有的教师在黑板上，在作业批改中，在宣传标语上任意写繁体字、异体字、已被废止的简化字。……例如“出”写成两横下加“山”，“整”写成“大”下加“正”，“建”的右边写成“占”。有些干脆就是错字，如“体”的右边写成上“大”下“十”。这些繁体字、异体字、生造简化字等五花八门的写法，都是笔者接触过的一些中学语文教师的用字实例。

我常常听课，见到讲课老师写错别字，我就羞愧难当，恨不得钻地洞！陈毓舒老师还说：“我建议年轻教师，不要急功近利，要从最基础的

---

① 摘自陈毓舒《谈谈中学语文教师的文字修养》，载《中学语文教学》2002 年第 10 期。

东西开始，先学点儿文字学方面的知识，可能会对自身语文专业知识整体素质的提高有事半功倍的效果呢！除了每天保证一定的学习时间，还必须时时用心，处处留意。”这真是肺腑之言，切望老中青教师都要牢记。

上面说的仅仅是学生和教师没有掌握好汉字的例子，如果调查一下使用词语和句式方面的毛病、作文方面的毛病，问题就更多、更大了。

二、追求目标过高

跟可怜的起点相反，我们经常提出过高的追求目标。初中语文教材中曾选入吕叔湘先生的《短文两篇》，怎么学习这两篇文章？我看到了一份研究性学习计划，下面是计划的前一部分：

本课研究性学习步骤方法设计如下：

一、学生自愿组成研究小组。

二、师生共同商定研究性课题。

1. 收集书报杂志中用语不规范的例子，仿照课文写成评析文章。

2. 调查身边书面、口头用语，（或书写）不规范的现象，分析形成原因，研究解决的方法。

参读书目：《关注现代汉语表达的劣化倾向》（《山东教育》济南，2001.14），《语文教学和汉语规范化》（《中学语文教学通讯》临汾，2000.19），《对中学现代汉语教学的看法》（《中学语文园地》开封，2000.9），《语言教学方法四种》（《语文教学与研究》武汉，2001.5），《语言教学艺术三论》（《语文教学与研究》武汉，2001.2），《浅谈怎样判断病句》（《语文知识》郑州，2000.12），《吕叔湘语文论集》（商务印书馆出版，1983.7）

3. 成语是中华民族语言的瑰宝，但在使用过程中，有许多误用现象。调查并分析其原因，提出切实可行的对策。

参读书目：《成语误用及对策》（《学语文》芜湖，2001.1），《谈成语的缩略形式》(《阅读与写作》南宁，2001.1)，《让民族语言瑰宝更纯净——李行健教授谈成语规范》(《每日电讯》2000.9.23)

让初中三年级的学生研究这样的课题，是不是要求太高了？

第一，初三的学生，有没有那么多的时间和精力去看这么多的文章？他们到哪里去找到这么多的文章？他们能够找到《吕叔湘语文论集》吗？他们能够读懂《语言教学艺术三论》这些文章吗？这样的任务给大学生比较合适。

第二，要求学生对不规范的现象“分析形成原因，研究解决的方法”，对成语的误用要“提出切实可行的对策”，研究难度这么大的问题，初中学生是不是太嫩？这是不是中文系汉语专业研究生的课题？

第三，如果初中学生真的写出文章，他们的文章里会有多少错别字？他们是应该先学习写字，把课文里的难字抄写几遍，还是应该做这样的研究？

第四，起草这份研究计划的老师，语言文字是否过关？第二条的“调查身边书面、口头用语，(或书写)不规范的现象”，里头的括号用得对不对？还有没有其他毛病？第三条的“调查并分析其原因”有歧义，是“调查许多误用现象并分析其原因”还是“调查其原因并分析其原因”？这是联合短语的歧义。

我说在起点非常低的情况下进行这样的研究，这就是浮躁情绪的表现，是不是有点道理呢？

三、如果学生能够做到，那么目标是不是合适？

可能有人会说：“你认为中学生达不到上述研究性学习计划提出的目标，可是，我们到处都有成功的事例，你还认为这是过高的目标吗？”不错，常常有报道说，某个学校提出高目标，学生做到了，甚至还有小作家出现。我们实现中华民族的伟大复兴需要各种各样的高质量的建设人才，难道不应该提出高要求吗？教学目标难道不应该有前瞻性吗？

且看下面这个具有“前瞻性”的课堂实录的例子[①]，名字叫作“创设一种新辞格”，这里摘取前一部分。

徐： 同学们，今天我们要打开知识宫殿哪一扇门窗呢？我们要研讨一种修辞现象。修辞——修饰言辞。昨晚我理了发，刮了胡子——修饰了一番，就年轻多了（众笑）；言语一经修饰也就美妙了。朱自清的《绿》中就有修辞妙句：“——那醉人的绿呀！我若能裁你以为带，我将赠给那轻盈的舞女；她必能临风飘举了。我若能挹你以为眼，我将赠给那善歌的盲妹；她必明眸善睐了。”初中学的林嗣环的《口技》中也有类似的奇句：“虽人有百手，手有百指，不能指其一端；人有百口，口有百舌，不能名其一处也。”请问这用了什么修辞格？

钱意： 我觉得前一个是比喻句，将潭水比作“带”比作“眼”。

徐： 设喻的基础是本体、喻体有相似点，因相似而比之，这里“潭水”与“带”与“眼”有相似点吗？

孙维娟： 我认为没有相似点，这是比拟。

徐： 比拟是据实而拟之，如朱自清的《荷塘月色》中的“白花，有袅娜地开着的，有羞涩地打着朵儿的”，据眼前怒放的、含苞的荷花自然美的实事，拟写其具有人的形象“袅娜”与人的心态“羞涩”，以增添其人情美，这是拟人。而世界上存在能“挹为眼”的东西吗？

李靖远： 不存在，我认为这两个例子都用了夸张。

徐： 夸张？可是鲁迅先生不同意！（众笑）鲁迅先生说：“燕山雪花大如席，是夸张，但燕山究竟有雪花，就含着一点诚实在里面，使我们立刻知道燕山原来有这么冷。如果说‘广州雪花大如席’，那就变成笑话了。”可见夸张的特点是“有而过之”。梅雨潭的绿能“裁为带”“挹为眼”吗？人会有“百手”“百指”“百口”“百舌”吗？（板书：比喻——似而比之，比拟——实而拟之，夸张——有而过之）我们要研讨的这两个

① 载《中学语文教学》2002 年第 2 期。

修辞现象有什么共同的特点呢？

侯新强：从句式上看都是假设关系的复句，从内容上看这些假设很奇特，是不切实际的，根本无法真正做到的。

周觅：虚而设之。（众笑）

徐：说在点子上了！这种修辞现象先用一个假设，而这样的假设都是悖常理的，然而一旦这样的假设能够成立的话，其后的结果能不能成立呢？

周觅：能成立，因为梅雨潭的绿太美妙，太明澈了。所以它如果能裁成带，舞女一定会“临风飘举”，它如果能挹成眼，盲妹一定能“明眸善睐”。

徐：对了。假设的结果是顺事理的，我们循其理，就能明其旨。这个“旨”就是作者要表的“情”，要达的“意”。那就是梅雨潭的绿太美妙了，太明澈了。真是“无理而妙”啊！（板书：假设悖常理　结果顺事理　循“理”明旨无理而妙）谁能给这种修辞现象取个恰当的格名呢？

施丽丽：虚设。

徐：嗯，不错！

孙维娟：奇设。

徐：奇设（板书）——想象奇特，假设离奇，效果奇妙。“奇设”命名好。它有了“名”了，哪个同学给它下个定义。

显然，教师在这里使用了发现法，引导学生去发现一种修辞格“奇设”。教师确实引导成功了，后面用毛泽东的《七律·人民解放军占领南京》、黄巢的诗《题菊花》、王昌龄的诗《出塞》、贺敬之的诗《回延安》等验证“奇设”的存在，说明“奇设”的特点。教师和学生水平都高，确实做到了这一点。

是不是学生能够做到的，就应该做呢？

第一，中学生处在打基础的阶段，他们最重要的是把 3 500 汉字学好，把大约 4 000 常用词学好，把汉语的基本句式学好，把文章的基本写法学好。现在语文教学中存在的问题是，这些内容学生都没有学好，可谓百孔千疮，却让学生去发现修辞格，是不是本末倒置？学生能够做到的，就应该做吗？

第二，教学目标过高。自从1923年唐钺发表了《修辞格》，中国才算有了现代的修辞学，一百多年以来，只发现了几十个修辞格。让中学生去发现新的修辞格，这个难度是不是太大了？这是研究生研究的课题。课堂上还比较了几种修辞格。比较辞格是修辞学家都头疼的事情，好多辞格界限不明，例如因为借代和借喻分不清就打了许多年的“官司”。“奇设”修辞格能不能站得住，恐怕还是一个未知数，它跟“夸张”是什么关系，估计教师和学生都难以说清楚。

第三，现在有了少年大学生，有了一些小作家、小发明家，说明中小学生的潜力相当大，而且还很难说有一个上限。北京大学附属中学还出现过一个大胆提出科学论断的事例。二十世纪九十年代初，有一个学生研究太阳系九大行星（当时冥王星还在大行星之列）分布的规律和木星的卫星分布的规律，发现二者有相似之处，并且写出论文进行论证。天文学界没有人提出这样的论断，但是这个学生提出了。不管这个论断能不能成立，提出来就是了不起的事。“自古英雄出少年”，中小学生确实可能做出一些惊人的发现。但是，这只是少数学生能够做到的事，不能在广大的学生中去进行这种超标的发现。如果认为少数学生能够做到，就去全面推广，那么，中学教育岂不是可以取消？小学生岂不是都可以直接上大学？

当然，如果一所学校具有高水平的教师和高水平的学生，超标的事情偶尔为之，也无不可。现在的问题是，目前到处都在进行“研究性学习”，到处都出现了这种超高要求的语文课，把“学习”丢掉，专搞“研究”。丢开绝大多数学生的现实状况不管，而去盲目追逐过高的目标，这难道不是浮躁情绪的表现？

盲目追求高目标的教训是十分深刻的，历史上有许多先例。语文教学战线也不应当忘记。

第二节
地基刚挖一车土，预先装修十层楼

说“语文是基础的基础，基础没有打好，后面什么都学不好”，这话谁都会说。可是基础没有打好，后面会“学不好”什么，又怎么个“学不好”，却很少有人做具体的研究。

1934 年，朱自清在《〈文心〉序》中说：“(语文教学)往往只注重思想的获得而忽略语汇的扩展，字句的修饰，篇章的组织，声调的变化……只注重思想而忽略训练，所获得的思想必是浮光掠影。因为思想也就存在于语汇，字句，篇章，声调里；中学生读书而只取其思想，那便只将书里的话用他们自己原有的语汇等等重记下来，一定是相去很远的变形。这种变形必失去原来思想的精彩而只存其轮廓，没有什么用处。”

这段话明确地告诉我们，“语汇、字句、篇章、声调”没有学好，从文章当中吸取的思想必定大大“变形”，而思想变形“只存其轮廓，没有什么用处”。这段话说得何等深刻！这就告诉我们，在课堂上一味分析而不去训练“语汇、字句、篇章、声调”，结果学生不可能获得文章里精彩的思想，只能模模糊糊地知道文章思想的“轮廓”。也就是说，用重分析、轻语言文字训练的模式去上课，说句俗话，就是“瞎忙活”，做了许多无用功。

有好多次，人家请我去做报告或者座谈，我对青年教师讲这个意思，但是他们都不太相信，或者对我报以怀疑的眼光，或者客气地说“是啊是啊”，课堂上依然故我。看起来，对这种情况还得进行一些仔细的分析。

一、字词句篇没有学好，对意思的理解必然模糊变形

人们都有一种经验，看书读报见到不认识的字、不懂的词就跳过去，似乎对理解没有什么妨碍。其实仔细分析一下就能够知道，一个字认识与不认识，一个词理解与不理解是有区别的，不认识、不理解肯定会影响对句子意思的理解。

（1）记得提倡白话那时，受了许多谣诼诬谤，而白话终于没有跌倒的时候，就有些人改口说：然而不读古书，白话是做不好的。（鲁迅《华盖集续编·古书与白话》）

“诼”字不认识，我们往往读偏旁。可是读虽读了，心里却无把握，这个字的可信度在我们的心里便打了折扣。猜它的意思，似乎是“诽谤”，但是，后面有“诬谤”，于是对“诼”字的意思就产生疑问了，不知该怎么解释才好，只好囫囵吞枣，对句子意思的理解就模糊了。在古文里，“谣诼诬谤”这四个字是有区别的，“谣”是“没有根据的传闻”，跟现在的意思不完全相同；“诼”才是“无中生有，造谣”；“诬”是“加罪于无辜的人”，带有“欺骗”的意思；“谤”是“公开指责”，语意比较轻，而且有时候是中性词。屈原《离骚》里有“众女嫉余之蛾眉兮，谣诼谓余以善淫”（一些势利小人嫉妒我的品德才能，传播谣言说我行为不正），所以“谣诼诬谤”解释为“传播谣言，污蔑诽谤”比较合适。你看，一个字不认识，是不是影响了理解？朱自清说“思想也就存在于语汇，字句，篇章，声调里”，真是千真万确！

（2）今年夏天游了一回长安，一个多月之后，胡里胡涂的回来了。知道的朋友便问我：你以为那边怎样？”我这才栗然地回想长安，记得看见很多的白杨，很大的石榴树，道中喝了不少的黄河水。然而这些又有什么可谈呢？我于是说：“没有什么怎样。”他于是废然而去了，我仍旧废然而往，自愧无以对“不耻下问”的朋友们。（鲁迅《坟·说胡须》）

“栗然”“废然”怎么解释？不会解释，又不去查词典，对这段话的理解便产生了模糊性。这里不说答案，让大家体会一下“思想也就存在于

语汇，字句，篇章，声调里”。

（3）前些天整理我的仓库，找出一些 YS30、YS18 荧光数码管，本来想再找些凑数，做一些 4 位或者 6 位显示的荧光数码管时钟，可国内、国外在二十世纪八十年代末期就停止了这种数码管的生产。

这是“无线电”网站上的一段话。“YS30 荧光数码管”“YS18 荧光数码管”“4 位或者 6 位显示的荧光数码管时钟”都是我们不懂的名词，于是我们对这段话的理解就相当模糊。

二、字词句篇没有学好，对课文的理解必然模糊变形

我们可以通过学生在课堂上的言语行为，来了解课文在他们心里模糊变形的部分情况。

我们来看看课堂实录。

（1）《社戏》课堂实录

师：倒是在归航的途中，发生了一件非常有趣的事情，它是——

生：顺手牵豆。

师：我借用了一个成语“顺手牵羊”，而没好意思用“偷”这个字。谁能告诉我什么叫“偷”？

生：就是拿别人的东西。

师：那好，把你的字典拿给我，这叫偷吗？

生：是趁别人没注意的时候拿别人的东西。

师：拿了之后还还给人家吗？

生：不还了。

师：一个人的东西被偷之后，心情一般会怎么样？

生：不高兴，生气。

师：好，那么这些小孩“顺手牵豆”，到底算不算偷呢？

生：不能算。

师：为什么？先看被偷的人当时知道不知道？

生：知道。

师：他是谁？

生：阿发。

师：他不但知道，奇怪的是不但不制止，还怂恿大家去偷他家的，因为他觉得——

生：他家的大。

师：还有一个被偷的人案发当时并不在场，他是——

生：六一公公。

师：就是尾声里才出场的老六一。他也奇怪，当得知了东西被偷之后，他生气了吗？

生：没有。

师：非但没生气，当"我"说他的豆好吃时，他竟——

生：非常感激。

师：还记得小品《卖拐》中范伟演的那个傻小子吗？花一百块钱加一辆自行车换了一副拐，临走还对骗子真诚地说："谢谢啊！"

生：（笑）

师：难道六一公公和阿发都是这样的傻子吗？

生：不是。

师：那他们为什么这么做呢？

生：（思考）

师：我们先把这个问题放一放，接下来看第三个思考题。

"偷"的含义是"私下里拿走别人的东西，据为己有"（《现代汉语词典》）。学生说"是趁别人没注意的时候拿别人的东西""不还了"，学生对"偷"的含义原本是明白的。可是教师问："那么这些小孩'顺手牵豆'，到底算不算偷呢？"这就让学生心里产生了矛盾，学生就做了相反的回答："不能算。"为什么学生会动摇？一个原因是阿发事先知道偷（其实阿发的家人并不知道），一个原因是被偷的人阿发和六一公公没有不高兴。出现了一点意料之外的情况，学生的理解就变形了，甚至变得相反。其实，意外的情况并不跟“偷”的含义相矛盾，可见学生对“偷”的含义掌握得不牢靠。

（2）《胡同文化》课堂实录

课文有一段是这样的：

胡同文化是一种封闭的文化。住在胡同里的居民大都安土重迁，不大愿意搬家。有在一个胡同里一住住几十年的，甚至有住了几辈子的。胡同里的房屋大都很旧了，“地根儿”房子就不太好，旧房檩，断砖墙。下雨天常是外面大下，屋里小下。一到下大雨，总可以听到房塌的声音，那是胡同里的房子。但是他们舍不得“挪窝儿”，——“破家值万贯”。

什么叫作“封闭”？“封闭”就是严密封锁，不跟外面交往。作者在这里讲的是“安土重迁，不大愿意搬家”。这不是封闭，只能说是守旧，可见作者在这里用错了词。看看学生怎么解释。

师：这么多个内涵，你印象最深的是哪个？下面自由发言，不拘一格，谈谈你的感受、你的理解。

生：我印象最深的是它的封闭性。我们国家的封建社会太长了，一直处在闭关锁国的状态，身为五百年古都的北京就成了其中的代表。你看人家美国人，一辈子起码要搬四五次家，而我们却是“安土重迁”，不大愿意搬家。封闭的思想必将带来观念上的保守与落后，我们现在虽然“入世”了，国门打开了，不再闭关锁国了，但我们的思想观念基本上还是封闭的，所以要跟上世界步伐，首先要解决的就是思想观念问题。

师：说得够深刻的。

学生心里是矛盾的。一方面，学生意识到作者讲的是“安土重迁”，是不大愿意搬家，这不是“封闭”而是保守；一方面又想起“封闭”的正确解释，把“封闭”跟“闭关锁国”联系在一起。如果学生对“封闭”的含义掌握得很牢靠，就会意识到作者用词不当，指出这不是“封闭”。可是学生对“封闭”的含义迷迷糊糊，心里就产生矛盾了。教师也没有掌握好“封闭”的含义，还表扬了学生。此外，“近八百年的古都”说成

"五百年的古都"，说"封建社会太长了，一直处在闭关锁国的状态"也说明这个学生的历史知识相当模糊。

(3)《江雪》的课堂实录

《江雪》只有四句："千山鸟飞绝，万径人踪灭。孤舟蓑笠翁，独钓寒江雪。"

师：大家对这个"独"字怎么理解？

生1：应该是孤独，因为没有人钓，只有他一个人在钓。

生2：不仅孤独，还有一股傲气与清高。这么大冷天，谁都不愿意钓，但他却独自来钓。

生3：应该是特立独行，因为他一个人来钓很独特，他是故意要来钓的。

生4：我觉得应该是孤苦，因为没有人会无缘无故在这样的天气来钓鱼。他可能是为了生计而钓，或者是为了逃离别人而来到这个安静的地方。

生5：我觉得是孤芳自赏，因为读诗歌时，没觉得钓鱼翁很苦或孤独，也看不出他是否特意来钓，而是觉得他在这样的环境中，虽然无人理解，但他自己却好像很愿意在那里钓，而且好像不需要别人理解，他自己能理解自己就行了，而且很自在的样子。

师：是的，大家理解得都很有道理。老师也有刚才这位同学所说的感受，诗歌中的老翁也许由于什么原因，他觉得别人理解不了他，就干脆不要别人来理解了。

"独"的含义很清楚，就是"单独、独自"，第一个学生说"只有他一个人"本来是正确的；第二个学生说的"独自"，也是正确的。而理解成"孤苦""孤芳自赏""傲气与清高"变形就太大了。教师也没有把握好，和了稀泥。

"教师讲，学生记，这倒也便当，知识似乎也灌下去了，可就是一遇检测，问题就出来了：明明讲得清清楚楚的东西，他却迷迷糊糊；明明再三强调的重点，他却懵懵懂懂，甚至张冠李戴，笑话百出，更不消说有什么发挥与创见了[1]。”这是教学当中的真切体会。

三、字词句篇没有学好，对文意的表达必然模糊变形

私塾之后的语文课，从教师一个人唱独角戏的“满堂灌”，到教师问、学生答的“满堂问”，一直到现在师生互动的“满堂演”“满堂论”，万变不离其宗，都是使用重分析、轻语言文字训练的模式，都是语言文字没有学好，却在理解上下功夫。其实，课文分析多半是无用功，学生得到的常常是模糊的认识。

学生到了社会上写文章，必然把模模糊糊的认识带到文章里，使文意的表达也模糊变形。下面文句的作者，若干年前都是我们的学生。

（1）连续9个多月以来，关于温端生先进事迹的数十场报告会从福州开到南京，又从军区机关扩展到京城首都，场场爆满。（《人民日报》1996年光盘）

“京城”和“首都”的意思完全相同，只用一个就可以了。为什么作者要两个一起用？很可能在作者的心目中，两个词有什么不同的地方。也可能是受“首都北京”这个说法的影响。说“首都北京”是可以的，因为“首都”和“北京”是同位语，而且具有固定性，说“京城首都”则纯粹是同义词的堆砌。不管是什么原因，作者心中的“京城”和“首都”的词义都带有一定程度的模糊性。

（2）在缅怀周恩来总理逝世20周年之际，一部表现周恩来生平伟绩的16集电视片，将于1月8日前后在全国35家省、市、自治区电视台集中播放，并同时改编成同名广播节目在中央人民广播电台连续播出。（《人民日报》1996年光盘）

“缅怀”的对象是“周恩来总理”，但不能是“逝世20周年”。对

---

① 吴波《互动探究性课堂教学新探》，《中学语文教学》2002年第8期。

"缅怀"的词义掌握得不是那么牢靠，脑子里就会出现"泛化现象"，扩大了"缅怀"运用的领域。可见词语理解的模糊性，也就造成了人文内涵的模糊性。

（3）面试开始了。按照抽签顺序，1号候选人率先被召进了外企老总的办公室。（《杂文报》2000年6月9日）

什么是"率先"？就是"带头"，如"率先表态""率先奔赴灾区"，带有主动的意思。"率先被召进了外企老总的办公室"没有带头的意思，而且是被动态。可见作者对"率先"的理解是模糊的。说话模模糊糊，干事马里马虎，简直成了社会的顽疾。而这种顽疾也体现在语文课程标准里，《义务教育语文课程标准（实验稿）》里的语病还真不少。

（4）语文是实践性很强的课程，应着重培养学生的语文实践能力，而培养这种能力的主要途径也应是语文实践，不宜刻意追求语文知识的系统和完整。

"现代汉语里'也'的基本作用是表示类同，此外，还能表示委婉语气①。"比如说："你去看电影，我也去看电影。"两个句子里有类同的行动，才可以用"也"。《语文课程标准》里这一句却没有类同的句子。如果前面有"……是语文实践"，后面说"培养这种能力的主要途径也应是语文实践"，才符合"也"的用法。这里前面不可能有"……是语文实践"，也不表示委婉的语气，所以"也"落空了。这一落空，表达的意思也就不很清楚了。

（5）语文又是母语教育课程，学习资源和实践机会无处不在，无时不有。因而，应该让学生更多地直接接触语文材料，在大量的语文实践中掌握运用语文的规律。

根据日常生活的经验，凡是接触语文材料，都是"直接接触"，读书、读报、听广播、看电视等，不都是"直接接触"语文材料吗？可是，作者在这里偏偏说"应该让学生更多地直接接触语文材料"，是不是表示

① 马真《说"也"》，《中国语文》1982年第4期。

还有“间接接触的语文材料”呢？所以“直接接触”表达的意思模模糊糊，让人猜测。这跟相声里讽刺的“亲自接见”“亲自握手”如出一辙。

（6）应拓宽语文学习和运用的领域，注重跨学科的学习和现代科技手段的运用，使学生在不同内容和方法的相互交叉、渗透和整合中开阔视野，提高学习效率，初步获得现代社会所需要的语文实践能力。

“内容和方法”同“相互交叉、渗透和整合”配合，就有 2×3=6 个组合：“内容相互交叉”“内容相互渗透”“内容相互整合”“方法相互交叉”“方法相互渗透”“方法相互整合”。“内容相互交叉”“内容相互渗透”“内容相互整合”可以理解，“方法相互交叉”“方法相互渗透”就难以理解了，而“方法相互整合”又怎么理解呢？所以这段话不仅结构混乱，而且还费解。这样的表达是不是模糊呢？

《义务教育语文课程标准（实验稿）》还有一些病句，已经有老师写文章进行讨论了，这里不再赘述①。

说用重分析、轻语言文字训练的模式去上课就是在建造空中楼阁，是不是有点道理呢？这就好比是“地基刚挖一车土，预先装修十层楼”。地基没有打好，十层楼能够装修吗？可能有人说：“你这话说得太过火了，整个社会说话都模糊变形，我们的社会生活岂不是要崩溃吗？”是的，如果整个社会说话确实都模糊变形，那么，我们的社会生活是一定要崩溃的。所幸的是，有一个因素限制了模糊变形，那就是社会课堂。《语文课程标准》指出：“语文又是母语教育课程，学习资源和实践机会无处不在，无时不有。”正是这无处不在、无时不有的社会课堂起了补充和矫正作用，空中楼阁的危害才不至于那么大。

一些人把社会课堂当作重分析、轻语言文字训练教学模式的强大支柱，当作各种各样形式主义做法的强大依靠，当作各种各样稀奇古怪的教学主张的坚固后盾。没有这社会课堂，各种各样稀奇古怪的说法、做法都是不可能出现的。

---

① 请参阅余天泽《〈语文课程标准〉病句举正》，载《中学语文教学》2006 年第 1 期。

第三节
公开课弄虚作假，形式风泛滥成灾

浮躁情绪最重要的表现之一就是形式主义。

形式主义从来都是回避问题的实质，用形式的烟雾掩盖糟糕的现实。

语文教学战线上，成绩一向非常糟糕，社会不满，专家叹息，报纸指责，家长批评，都使人们如坐针毡。要掩饰这种尴尬，便依靠形式主义做烟幕。公开课，便是最著名的形式主义的产物。

一、公开课弄虚作假

据我观察，许多学校的校长最喜欢搞公开课，他们很可能是公开课的主要支柱。这不难理解。面对相当多的学生厌学语文、相当多的语文教师厌教语文的现实，校长当然会用公开课来激励语文教师努力工作，“点亮一盏灯，照亮一大片”嘛，谁还会放弃抓典型的机会呢？可见校长抓公开课，是被迫的。

到了新世纪，各地的教研室也揽上了公开课这一摊子活儿，于是公开课、竞赛课、评优课、研究课、示范课等层出不穷。一方面，教研室希望纠正各个学校搞公开课时公开弄虚作假的现象；另一方面，也确实为教师厌教的情况感到担心，希望用这些公开课促一促教学。他们并非乐此不疲，也是被迫的。

一些公开课是公开弄虚作假，这早在二十世纪八十年代初就被报刊批评过。

第一，公开课的“暗方针”。

宇宙里有“暗物质”“暗能量”，这里参照宇宙学里的名词，杜撰了“暗方针”。这是大家心照不宣的“方针”。

公开课的第一“暗方针”是要“热闹”。俗话说“内行看门道，外行看热闹”，搞公开课恰好相反，是“内行看热闹，外行看门道”。搞公开课的内行总是把“热闹”放在第一位，只有初出茅庐的教师才会去“看门道”。

为了“热闹”选择学生。公开课大多数选择在初中进行，而且最好是初中一、二年级，因为学生小，顾虑少，而且小学好举手的习惯没有丢掉，发言比较踊跃。很少选择在高中进行公开课，因为高中学生思维比较发达，对问题的思考多一些，很可能冷场，而冷场是公开课的头号敌人。

为了“热闹”选择教材。选择的教材集中在文学作品，而且必须“有嚼头儿”，绝不能是淡如白开水似的文章。鲁迅作品最“有嚼头儿”，所以教材里《从百草园到三味书屋》《故乡》《社戏》《孔乙己》《藤野先生》被选中的机会最多，而说明文、论说文就极少有入选的机会。

为了“热闹”选择教师。必须选择教研组认为比较好的教师，所以老教师是第一人选，中年教师是第二人选。年轻教师如果表现突出，才可能是第三人选。必须选择口才最好的教师，选择最会使用重分析、轻语言文字训练这种模式的教师，一定要在分析上十分“热闹出彩”。如果选中的教师是班主任，那就再好不过了，班主任可以动员学生把课堂搞得更“热闹”。

为了“热闹”选择课时。如果一篇课文讲三课时，一般选择在第二课时。因为第一课时是起始课，“热闹”少一点；第三课时是总结课，“热闹”也不多。“热闹”最多的是第二课时的分析课，千万不能放过。

公开课的第二“暗方针”是“可以作假”。

《红楼梦》有句云：“假作真时真亦假”，再加一句“真作假时假亦真”就完全了，公开课就是要真真假假，假假真真。所以，开语文教研组会，宣布谁作公开课以后，组长往往要说：“好好准备吧。准备公开课，总是要多花一些时间和精力。需要什么帮助，尽管提出来，碰到什么问题，希望大家协助。”这就把弄虚作假合理化了。校长理所当然要支持，作课教师要什么条件就给什么条件，譬如要电化教室，要多媒体手段，校长都会尽可能地满足作课教师的要求。总之，大家一起作假。

第二，公开课的“暗操作”。

不少教师喜欢搞公开课，因为这是展示自己的好机会，可以提高自己在领导眼里的地位，改善自己在同仁当中的形象。如果能够参加校外公开课竞赛之类，还可以为学校争光。所以，接受了作课的任务之后，往往劲头十足。如果是班主任，就先召集班干部开会，让班干部帮助动员全班同学支持公开课，主要是动员同学们踊跃发言。然后作课教师自己全班动员，也是动员发言“凑热闹”。这个时候，学生分外“听话”，为了维护自己的老师，都准备“枪口一致对外”。

写好教案，拟定了提问的问题之后，细心的教师把问题分配到各位适合回答的学生，让他们有准备，不过，这样做的教师比较少。有的教师拟定了问题，就开始利用课后时间进行“彩排”，让公开课先预演一遍。有一次我去外校听公开课，听人说已经“彩排”了两次才正式上课。让学生做准备，还创造了一个新名词，叫作“备学生”，跟“备课”相并列。

公开课公开弄虚作假，不断受到批评。为了避免弄虚作假，现在又“发明”了“易班上课”“易校上课”的公开课，听说还有“易地上课”的。让作课教师到自己不熟悉的班级上公开课，教师不能“备学生”了，总该真实了吧。其实，“上有政策，下有对策”，也好对付。作课教师把问题的难度分为上、中、下三等，先抛出上等难度问题，没有人回答就抛出中等难度的问题，如果还是没有人回答，不用慌，再抛出根据书上的话就能够回答的问题。另一个办法是设计有梯度的问题，一环套一环，把学生引导到预设的“埋伏圈”，课堂上照样热热闹闹。办法多得很，反正只要内行能够看到“热闹”，作课教师就可以“得胜回朝”了。

以上都是“暗操作”。公开课的假象还有好多。也有老师曾撰文批评过①。

第三，公开课的“暗批评”。

无论公开课上得怎么样，评议会上大家都得叫好。例如：

教师甲：吴老师讲《孔乙己》讲得真好，分析得非常细致。“你一定又偷了人家的东西了！”这“一定”两个字，吴老师做了分析，说这表示“肯定，绝对是这样”，这些细小的地方都注意到了。

教师乙：我有同感，我有同感！“我前天亲眼见你偷了何家的书”，吴老师问学生“亲眼”两个字有什么作用，学生回答说是“自己看见，不是听别人说的，意思表达得非常肯定”。我教《孔乙己》好几次了，我就没有注意到“亲眼”有什么作用。

教师丙：说“店内充满了快活的空气”就可以了，为什么说“店内外充满了快活的空气”，把“店外”也写进去呢？吴老师注意到了这样细小的地方，难能可贵。吴老师问学生，学生回答得也还好，说“店外也有人看热闹，形容，形容什么……”

教师甲：形容大家都在笑孔乙己，形容笑的人多。学生说得好，是因为吴老师启发得好。当然，吴老师这一课也不是没有缺点，“钞书”的“钞”字为什么是“金”字旁就没有解释，尽管注解里头有，还是提一下好。不过这不能否定吴老师的课是非常成功的课。

这是会上的发言，是“明赞扬”。散会以后聊天，说法就有些变化，是“暗批评”。

教师甲：分析得也太细了，学生整体把握很差。

教师乙：我总感觉凌乱，理不出一个头绪。

教师甲：唉！关键的问题是对孔乙己的评价，好像一句也没有涉及。

公开课差不多都是这样，一明一暗两种评论。公开课是用“热闹”的形式，掩盖了语文教学成绩不佳的尴尬。

---

① 请参阅罗士立《公开课上老师的情感虚饰》，载《中学语文教学》2005年第5期。

二、形式风泛滥成灾

语文教学里，搞形式主义的地方多得很，课堂里就有无数的虚假现象，也就是表面热闹，实际上没有什么用处的做法。下面举一些例子。

第一，追求问答的“热闹”。

“满堂问”现在发展得越来越厉害。有位老师教《藤野先生》，一堂课提了100多个问题：

《藤野先生》的作者是谁？

鲁迅原名叫什么？

《藤野先生》写于哪一年？

鲁迅在日本学习的地点有哪两个？

鲁迅在仙台学的是什么专业？

这一问一答，课堂显得十分“热闹”，其实，学生只需看看注解就可以回答。

有个老师教《济南的冬天》，一问一答是：

师：同学们，济南的冬天好吗？

生：好！

师：好在哪里？

生：济南的冬天没有风声，不像我们这里，呼啸的北风令人受不了。

生：济南的冬天是温晴的，不像我们这里的冬天，即使有阳光，也是干燥的，冷的厉害。

生：济南的冬天很温柔，水不结冰，倒还充满了绿意。令人不禁想到我们这里的春天。

看起来，课堂气氛十分活跃，实际上，学生根本没有动脑子，谁不知道冬天冷呢？其他的问题，课文都写得清清楚楚，照书回答就是了。这就是做表面文章，只追求形式，学生没有学到什么东西。

第二，追求表演的“风趣”。

有一位老师讲《项脊轩志》，让两位女同学站起来表演，一位扮演老妪，一位扮演归有光的母亲，她们滑稽的动作和表情引起了哄堂大笑，老师还嫌学生表演不到家，就亲自参加表演，结果招来更大的笑声，课堂上一派热闹景象。

其实《项脊轩志》这篇课文的情感是很沉重的，“这种热闹的表演把这篇课文深沉悲伤的情感冲得无影无踪，不但对学生理解文本没有帮助，反而会阻碍学生深入文本[①]。”

有一次我去听课，老师讲《我的叔叔于勒》。教师突发奇想，让学生表演于勒发了财回到哈佛尔，跟若瑟夫（“我”）的父亲见面的场面。一个学生扮演若瑟夫的父亲，一个学生扮演于勒。“于勒”穿着呢子大衣，手提皮包。两人一见面就是拥抱，拥抱之后“若瑟夫的父亲”说：“哎呀，我们盼望你多少年了，总算把你盼回来了。”“于勒”说：“哥哥，我真对不起你们。我发了财了，我马上就赔偿你的损失。”“若瑟夫的父亲”哈哈大笑，全班学生也哈哈大笑。这样的表演，纯粹是个形式，对课文的理解没有什么帮助。于勒何曾回到哈佛尔？而若瑟夫一家的盼望，课文里写得清清楚楚。

但是有人认为：“多年的教学经验告诉我：表演比语言的作用更大。在语文课堂上，有时唠唠叨叨地讲上半天，其效果还真不如让学生‘动’起来表演一下好。这既能激发学生的学习兴趣，又能使学生更深入地理解课文，同时还提高了学生的综合素质能力。”这也许是真的，偶尔为之，也没有什么不可，但是到处都这么表演，文本却扔在一边，语文课里已经没有语言文字的学习和训练，连课文里的人文内涵也不见了许多。这样的表演应该吗？

① 沈晓梅《学生主体性发挥的误区与对策》，《中学语文教学》2005年第8期。

第三，追求切入的“巧妙”。

不知何年何月，语文教学里兴起了“切入”热，上课一开始必须出现巧妙的切入，而且切入还成了评价教学质量的标准之一。为了追求切入的巧妙，教师费尽心血，绞尽脑汁，使得本来一两句话就能够达到目的的事情，却偏偏要占用好几分钟。这也是形式主义的表现。

《济南的冬天》教学实录：

师：“春游芳草地，夏赏绿荷池。秋饮黄花酒，冬吟白雪诗。”这是古时候一个孩子写的一首咏四季的诗。四季景色千姿百态，美不胜收。古往今来的文人墨客为此写了许许多多的诗文。前一段时间我们举行了古诗文背诵活动。现在哪位同学想为老师和同学们背几句呀？

生：晓来雨过，遗踪何在？一池萍碎。春色三分，二分尘土，一分流水。

（其他学生也踊跃发言。）

师：同学们背诵的都是绝句或律诗，容量很有限，是取一个或两三个景物来写景的。这一单元我们学习的写景抒情散文，内容丰富极了，有春草、夏色、春雨、冬雪等等。作者是怎样描绘的呢？今天，我们先来学习老舍先生的《济南的冬天》。（投影课题在白茫茫的背景上）

师：提到冬天，你会有什么感觉？会想到些什么？

生：感到特别冷，我会想到呼啸的北风、飘飞的大雪、瑟瑟的枯枝。

（其他同学纷纷举手发言）

师：北风凛冽、天寒地冻、万木萧条、亘古沉寂是我们这里的冬天。那么，“四面荷花三面柳，一城山色半城湖”的济南在冬天又是怎样的胜景呢？这节课，我们一块来欣赏一下。

教师在开场时背诵的四季诗，如果不让学生也背下来，学生听一下也记不住，等于白费。学生背的几句，跟《济南的冬天》也没有什么关系。后面教师介绍单元的情况和写景散文，这几句话算是有用的。再后面“提到冬天，你会有什么感觉？会想到些什么？”这种问题还用得着提吗？哪个学生不知道冬天是个什么状况呢？所以这样的“切入”，也是形式主义的。

第四，追求课件的“丰富”。

现在多媒体泛滥成灾。教师常常成了多媒体的操纵者，学生变成了观众，往往一上课就是声音、图像，课堂里流光溢彩，热闹非凡。例如讲《在烈日和暴雨下》时，从电影《骆驼祥子》中截取了两段视频画面让学生观看，让学生体会祥子拉车的感受，却没有让学生读书，这是以观看代替了解读。有的一节课放映十多次，都是分析课文，而且代替了教师的讲解和学生的讨论。学生越来越不读书了，语文课成了没有语文的语文课。

有人概括了当前使用多媒体的弊病：兴趣激发的低幼化，形象展示的单纯化，板书内容的电子化，呈现时机的简单化①。

第五，追求讨论的“热烈”。

通常的做法是，把学生分为若干小组，每个小组担负一个任务，小组进行讨论，然后每组由一个学生代表发言，课堂便呈现一种非常活跃的气氛。实际上，学生并没有读整篇文章，只是读了文章的一部分，无法做到整体把握文章的内容。这也是形式主义的表现。

---

① 请参阅司亚飞、王雅萍《多媒体教学须避免四种倾向》，载《中学语文教学》2005年第3期。

第四节
急功近利事事急，空话连篇句句空

急功近利，是浮躁情绪的特征之一。在浮躁情绪的支配下，往往要提出过高的目标。而过高的目标实现不了，便心急火燎，除了用形式主义的做法掩盖过高目标实现不了的尴尬之外，便用空话连篇的言辞做掩护。在语文教学领域，急功近利、目标过高的现象比比皆是，这些目标都实现不了，需要掩盖这种糟糕的局面，于是文章里空话连篇；影响到课堂，课堂里也就空话连堂。

一、急功近利的教学目标

《语文课程标准》里尽是急功近利的教学目标。这里仅举几例。

1. 现代社会要求公民具备良好的人文素养和科学素养，具备创新精神、合作意识和开放的视野，具备包括阅读理解与表达交流在内的多方面的基本能力，以及运用现代技术搜集和处理信息的能力。

就说运用现代技术“搜集信息的能力”吧。搜集信息的“现代技术”，除了网络之外，还有人造卫星、海底探测器，可以“上穷碧落下黄泉”地收集信息；还有密码破译技术，还有摄影技术、摄像技术、侦破技术、遥感技术、遥测技术……统统都是搜集信息的“现代技术”。学生该学习哪些呢？

运用现代技术“处理信息的能力”的说法也是不准确的。处理信息的“现代技术”包括计算机汉字处理技术、计算机语言信息处理技术（例如人机对话、自动翻译）、文件储存技术、文件编纂技术、电子图书馆的信息处理技术等。

当然，《语文课程标准》说的搜集和处理信息的“现代技术”是指语文方面的“现代技术”，不包括科技方面的“现代技术”。那为什么不说“以及运用网络和计算机搜集和处理信息的能力”呢？为什么要用外延这么大的“现代技术”呢？这可能是怕人家不信，故意说得厉害一点。

2. **语文课程应培育学生热爱祖国语文的思想感情，指导学生正确地理解和运用祖国语文，丰富语言的积累，培养语感，发展思维，使他们具有适应实际需要的识字写字能力、阅读能力、写作能力、口语交际能力。**

什么叫作“适应实际需要”的语文能力呢？会写假条，算是“适应实际需要”的语文能力；能够起草共和国宪法，也是“适应实际需要”的语文能力；创作小说、剧本、长诗、散文、报道、电影剧本、电视剧本……都是“适应实际需要”的语文能力。所以“适应实际需要”在这里成了无边无沿的概念。为什么不说“使他们具有正确的识字写字能力，顺利阅读书刊、正确理解文章内容的能力，写作日常应用文的能力，用流利的、清楚的口语进行交际的能力”呢？当然，跟《语文课程标准》的要求比较起来，这些标准太低了，可是，我们的中学生，能够达到这些低标准就已经不错了。提出过高的要求，是不是急功近利？用外延那么大的概念，有没有故作高深，借以吓人的嫌疑呢？

3. **应拓宽语文学习和运用的领域，注重跨学科的学习和现代科技手段的运用。**

“跨学科”是哪些学科呢？语文和历史的跨学科，是历史语言学，需要学习吗？语文和数学的跨学科，是数理语言学，需要学习吗？语文和物理的跨学科，就是电子计算机语言文字信息处理技术；语文和地理的跨学科，就是地理命名学；语文和音乐的跨学科，就是歌词创作；语文和体育的跨学科，就是《体育名词辞典》的编纂；语文和……新的跨学科，还会层出不穷。

我们有懂得这些学科的教师吗？学生学得过来吗？显然，“注重跨学科的学习”是一张空头支票，说说而已，这是实行不了的。生怕读者不相信，于是说大话吓人。

4. **在发展语言能力的同时，发展思维能力，激发想象力和创造潜能。逐步养成实事求是、崇尚真知的科学态度，初步掌握科学的思想方法。**

其他的暂时不说了，就说“初步掌握科学的思想方法”吧。现在，世界上许多人不承认人文科学是科学，他们认为只有自然科学才是科学。我们当然不赞成这种观点。人家为什么不承认人文科学是科学呢？原因之一是人文科学没有一套科学的思想方法，好多问题说不清楚。比如说划分界限，常常纠缠不清，如汉语的许多词和短语就划不清界限，“结婚、跳舞、上当、吃饭、扫地、排队、弹琴、唱歌”等动宾结构，就无法断定它们是词还是短语。文学作品中的散文和杂文、中篇小说和短篇小说的界限都不是很明确。而高层次的分析，例如《祝福》的主题思想、阿Q的人物形象、《红楼梦》的社会意义之类，是长期讨论而没有结论的问题，似乎带着相当浓厚的主观随意性。人文领域里“科学的思想方法”没有形成，这是全人类都没有解决的问题，又如何让学生“初步掌握”呢？要求中学生“初步掌握科学的思想方法”难道不是空话吗？

洪镇涛老师说：《普通高级中学语文课程标准（送审稿）》“其目标之宏伟，构想之大胆，设计之新奇，是我国语文教育史上前所未有、独一无二的。它为我国高中语文教育描绘了一幅理想主义的蓝图，但由于严重脱离实际，这幅蓝图难以变成现实的大厦，而只能是停留在纸上的空中楼阁①。”洪镇涛老师的话，一语中的！

提出一些不切实际的幻想，似乎是具有“前瞻性”，实际上是把理想和目标混为一谈了。提出很高的理想，“高山仰止”，谁都没有意见，但是作为目标就有害了。这是典型的空谈。

---

① 洪镇涛《高中语文课标行得通吗？》，《中学语文教学》2005年第11期。

二、充斥空话的文章

这里仅仅举几个例子，都是《中学语文教学》杂志曾发表过的。

（1）生成性模仿并不是人类初始阶段所进行的随意性的模仿，为了保证学生有效提高写作水平，教师应当发挥指导性作用。这种指导性主要体现在教师在阅读教学过程中要有意识地精选模仿范本，预设模仿范本对学生写作能力提高的指导性价值。那么，什么样的文章具有模仿的价值呢？鲁迅在《不应该那么写》中指出："凡是已有定评的大作家，他的作品，全部都说明着：'应该怎么写'。"这就揭示了名家名篇的阅读对写作的指导作用。……新修订的人教版语文教材仍然保留了大量经典的名家作品，这些经过时间淘洗的作品为写作教学提供了模仿的资源。

"生成性模仿并不是人类初始阶段所进行的随意性的模仿"，人类初始阶段的模仿是一种什么样的模仿呢？"随意性"到什么程度？人类学家恐怕也不大了解，顶多只能做一些猜测性研究。"生成性模仿"和"人类初始阶段的模仿"究竟有什么区别？谁也弄不清，这是不是空话？

（2）"写出人物的个性"。（2005 年 7 月 8 日连云港"全国特级教师课堂联展"上的作文教学课课题）

培养学生写出人物的个性，这个要求是不是太高了？高中生能够把事情说清楚，做到文从字顺，主题明确，条理清楚，已经相当不错了。而写出人物的个性是文学创作的要求，许多作家都不一定做得好，文学批评常常指出某些作品的人物缺少个性，中学生怎么能够做到写出人物的个性呢？

写出人物的某些特征，例如说话结巴、做事慢吞吞，中学生是可以做到的，但是这还谈不到是个性，个性是指思想、性格、行为特点的总和。

（3）"课标规定：'阅读教学的重点是培养学生具有感受、理解、欣赏、评价的能力。'据此，阅读中的'个性化理解'又可细分为'个性化感受、个性化理解、个性化欣赏、个性化评价'四个由低到高的层级；阅读中的'个性化运用'也可解剖为'个性化表达、个性化借鉴、个性化迁移、个性化创造’四个逐步拓展的层级。”

这涉及逻辑学里的划分。划分越细致，就越接近实际情况，但是使用就越不方便；划分越粗略，就越容易使用，可是就越不能反映实际。划分的详略要按照使用的需要决定。语文课程标准里的“感受、理解、欣赏、评价”这种划分有界限不清的问题，“感受”和“理解”没有明确的界限，“欣赏”和“评价”又何尝有明确的界限呢？再把它们“个性化”，就成了四个概念：“个性化感受、个性化理解、个性化欣赏、个性化评价”，四个概念同样没有明确的界限。再把“运用”划分成四个概念“个性化表达、个性化借鉴、个性化迁移、个性化创造”，又一次产生了界限不明确的问题。脱离了教学使用的需要进行划分，划分出这么多的概念，使人无法掌握，这不也是空话吗？纸上谈兵是容易的，拿到教学中去做，把这些概念一个一个分清，就难了。

文章接着说：“阅读感受是感知言语的初级理解，阅读欣赏是情感体验的深层理解，阅读评价是理智判断的高度理解，阅读表达是心得外化的重组理解，阅读迁移是运思及物的扩展理解。”这是对上面概念的五项解释，其实应该有八项。可是为什么丢掉了“阅读理解”“阅读借鉴”和“阅读创造”的解释呢？原因很清楚，因为概念纠缠不清。如果讲“阅读理解”，那么五项里头都有“理解”，重复了。如果讲“阅读借鉴”和“阅读创造”，又跟“阅读迁移”“阅读表达”无法划清界限，只好丢掉。

（4）我们的教师如果多从创作角度训练学生，或许能够开辟一条写作训练的新途径，为中学生写作能力的提升提供助推器。因此，我们现在要做的工作是加强研究，探索如何从创作的角度来加强作文指导，提高中学作文教学的效益。在多写的过程中，我们能否克服量上的堆砌，引导学生借鉴文学创作的规律，借鉴作家创作文学作品的手段来写作，甚至尝试文学创作，培养学生更多地运用文学的眼光来构思和写作自己的作文，能否走出另一条写作训练之路呢？

“我们现在要做的工作是加强研究，探索如何从创作的角度来加强作文指导，提高中学作文教学的效益”，这具有前瞻性的理想，是应该鼓励的。但是培养学生“更多地运用文学的眼光来构思和写作自己的作文”，作为一种教学目标就过高了。现在的学生，就绝大多数来说，要解决的是说真话，把身边的事情写清楚的问题，是要少写或不写错别字，少出或者不出病句，做到文从字顺的问题，离文学创作还有一大段距离。少数学生确实可以进行文学创作，但是绝大多数学生做不到。我们的教师，也绝大多数没有那样高的水平，语文教师能够写文章的就不多，能够进行文学创作的更是寥寥无几，又如何“从创作角度训练学生”？可见引导学生“借鉴作家创作文学作品的手段来写作”是当前实现不了的空话。

三、充斥空话的教学

（1）《守财奴》课堂实录

师：他策划了一个什么阴谋？

生：剥夺欧也妮的财产继承权。

师：你把它给概括出来了。文章哪些语句表现了这一点？

生：“他决意向欧也妮屈服，巴结她，诱哄她……”

师：这个信息点找得很快又很准。现在大家一起把这一部分朗读一遍。

（同学们齐读）

师：围绕着这个阴谋，后来发生了很多小故事。大家能不能概述一下，究竟发生了哪些故事？

生：第一个故事是抢梳妆匣。

生：第二个故事是看守金库。

师：抢完梳妆匣就看守金库去了，是吗？

生：是骗取继承权。

师：骗取继承权。实施他的阴谋，这个阴谋得逞了以后，才到了……

生：看守金库。

师：是的。还有吗？

生：还有他弥留时的故事。

这些话不说，可以不可以？书上都有，学生无非是照本宣科。在课堂的分析中，这样的空话比比皆是。

（2）《安塞腰鼓》课堂实录

师：课文中有一句话反复出现，表达了作家对安塞腰鼓的赞美，这句话是——“好一个安塞腰鼓！”（板书）它每出现一次，又分别是在赞美安塞腰鼓哪个方面的“好”？

生1：我觉得第1次出现主要是赞美安塞腰鼓表演时壮阔、热烈的场面。

生2：第2次出现是在赞美安塞腰鼓“隆隆隆隆”的沉重的响声。

生3：第3次出现是赞美充满力量的动作和舞姿。

生4：第4次出现是赞美安塞腰鼓表演能激起人们丰富的想象。

这是“对号入座”，学生做了一点概括。学生能够概括，充分说明这样的问答根本就没有必要。这也是空话。

（3）《季氏将伐颛臾》课堂实录

师：《季氏将伐颛臾》是《论语》中的名篇，全文均由一组对话连缀而成。这些对话由六个“曰”字领起，大致可分为三个回合。大家能根据人物的说话内容体会出说话人当时的情态吗？请同学们在每个“曰”字前面加上一个表示说话人情态的状语并说说理由。

生1：我在第一个“曰”前加“恭敬地”。因为冉有、季路是在和他们的老师说话，他们对老师一定是尊敬的。

生2：我在第一个“曰”字前加“含糊其辞地”。因为他们不是直截了当地说“季氏将伐颛臾”，而是说“季氏将有事于颛臾”，故意把“伐”字轻描淡写地说成“有事”，是想试探一下孔子。

生3：我在第一个“曰”字前加“悄悄地”。因为这事属于军事机密。

师：大家最赞成哪一种？

经过讨论，学生大多赞同添加“含糊其辞地”，认为冉有等始终尊敬孔子，此时不必专门强调。而“悄悄地”则有“泄密”嫌疑。“含糊其辞”既表现了冉有等赞成此事但又略觉不妥的矛盾心理。

教师是想进行情境教育，让学生根据情境添加最合适的词。“恭敬地”“含糊其辞地”“悄悄地”都可以入选，跟对话的情境都有一定的联系。说“恭敬地”或“悄悄地”，都有一定的理由，只是“含糊其辞地”最合适。学生能够回答，充分说明学生已经有各种各样的理解，他们没有获得什么新的信息。这跟空话也差不了多少。

第五节
交任务多如牛毛，算成绩寥若晨星

张志公先生主张“文道统一”，并没有主张“道”应该扩展为“无边道”。但是，在几十年来形成的状态的促使下，在浮躁情绪的支配下，“道”扩充成了“无边道”。再加上“文”，语文课就有了太多的任务。

语文教学究竟有多少任务？似乎没有一个边儿。

一、语文课程标准下达的任务

语文课程标准究竟给我们下达了多少任务？无法进行精确的统计，因为有的任务里面还包含任务，比方说，“使学生具备良好的人文素养”里面便包含了许多任务。我们把语文课程标准提出的任务分开，大致列出来，虽然不精确，但是大家可以看出任务之多，实在是到了吓人的程度。如果把联合短语都分开，任务还要多一些，那就更吓人了。

1. 使学生具备良好的人文素养，
2. 使学生具备良好的科学素养，
3. 使学生具备创新精神，
4. 使学生具备合作意识，
5. 使学生具备开放的视野，
6. 使学生具备包括阅读理解与表达交流在内的多方面的基本能力，
7. 使学生运用现代技术搜集和处理信息的能力，
8. 培育学生热爱祖国语文的思想感情，

9. 指导学生正确地理解和运用祖国语文，

10. 指导学生丰富语言的积累，

11. 指导学生培养语感，

12. 指导学生发展思维，

13. 使学生具有适应实际需要的识字写字能力、阅读能力、写作能力、口语交际能力，

14. 重视提高学生的品德修养，

15. 重视提高学生的审美情趣，

16. 使学生逐步形成良好的个性，

17. 使学生逐步形成健全的人格，

18. 促进学生德、智、体、美的和谐发展，

19. 充分激发学生的主动意识，

20. 充分激发学生的进取精神，

21. 使学生学会自主、合作、探究的学习方式，

22. 培养学生主动探究、团结合作、勇于创新精神，

23. 应拓宽语文学习和运用的领域，

24. 使学生注重跨学科的学习和现代科技手段的运用，

25. 使学生在不同内容和方法的相互交叉、渗透和整合中开阔视野，

26. 使学生初步获得现代社会所需要的语文实践能力，

27. 语文教学应尽可能满足不同地区、不同学校、不同学生的需求，并能够根据社会的需要不断自我调节、更新发展，

28. 语文教学要密切关注当代社会信息化的进程，推动语文课程的变革和发展，

29. 指导学生进行“综合性学习”，以加强语文课程与其他课程以及与生活的联系，促进学生语文素养的整体推进和协调发展，

30. 在语文学习过程中培养学生的爱国主义感情、社会主义道德品质，

31. 在语文学习过程中使学生逐步形成积极的人生态度和正确的价值观，

32. 在语文学习过程中使学生提高文化品位和审美情趣，

33. 使学生认识中华文化的丰厚博大，吸收民族文化智慧，

34. 使学生关心当代文化生活，尊重多样文化，吸取人类优秀文化的营养，

35. 培养学生热爱祖国语言文字的情感，

36. 养成学生语文学习的自信心和良好习惯，

37. 使学生掌握最基本的语文学习方法，

38. 使学生能说普通话。

39. 激发学生的想象力，

40. 激发学生的创造潜能，

41. 使学生养成实事求是、崇尚真知的科学态度，

42. 使学生初步掌握科学的思想方法，

43. 使学生能主动进行探究性学习，在实践中学习、运用语文，

44. 使学生具有独立阅读的能力，注重情感体验，有较丰富的积累，形成良好的语感，

45. 使学生学会运用多种阅读方法。能初步理解、鉴赏文学作品，受到高尚情操与趣味的熏陶，发展个性，丰富自己的精神世界，

46. 能借助工具书阅读浅易文言文，

47. 能具体明确、文从字顺地表述自己的意思，

48. 使学生能根据日常生活需要，运用常见的表达方式写作，

49. 使学生具有日常口语交际的基本能力，在各种交际活动中，学会倾听、表达与交流，

50. 使学生初步学会文明地进行人际沟通和社会交往，发展合作精神，

51. 使学生学会使用常用的语文工具书。

这就足以证明语文教学的任务太多，语文教学的负担实在太重了。许多具体的任务还没有列进去，否则任务会更多。超重的任务完成不了，于是语文教学老是处在受批评的地位。

二、舆论提出的任务

人们不敢随便评论数学教学、物理教学、化学教学等，因为不懂这些学问，所以免开尊口了。但是，谁都可以评论语文教学，因为谁都有一点“语文教学”的经验——教孩子学过语言文字，这就造就了一批“语文教学的业余评论家”，他们会给语文教学提出许多任务。而在大学或者师范院校的中文系和各地的教研所，都有一批掌握着各种各样理论的“语文教学的专业理论家”，他们又会给语文教学和语文教师提出数不清的任务。这里不管业余评论家怎么评论，也不管是不是语文教学专业理论家，只列举一下《中学语文教学》杂志上出现的极少量文章给语文教学和语文教师提出的任务。引号里的是原文。

1.“学习‘情境教育’的思想与精神，应该成为中学语文教学的一种自觉行动。”

2.“教师要在选修课堂里求生存促发展，就必须探索选修课的教学策略。”

3.“中学语文教学必须具有鲜明的现代性。”

4.“教师可根据教科书中阅读方法的指导，将课内教学和学生课外阅读有效地联系起来，从而提高学生的阅读能力。”

5.“引导中学生多读一些根植于中国丰富传统文化的优秀作品，应该是中学语文教育的本质要求。”

6.“作为语文教师，就应该培养学生具备通过语言文字而幻化出完整形象的审美想象能力，甚至使学生见了‘新绿’二字，就会感到希望、自然的化工、少年的气概等说不尽的旨趣；见了‘落叶’二字，就会感到无常、寂寥等等说不尽的意味。”

7.“在文学作品中，文学形象、文学意境本身就是促使学生产生这种认同、共鸣的很好的‘召唤结构’，但由于这种‘召唤结构’蕴蓄在字里行间，文学审美经验不足的学生不易感受到，这就需要教师在教学过程中，用自己的言行举止来营造另一个可视可闻可感的‘召唤结构’，把自己的阅读感受、审美体验直观地展示在学生面前，以此来感染学生。”

8.“灵活使用教材，积极开发学习资源（包括媒体资源）是高效教学的基本要求。”

9. 教师应该进行教学设计，“在教学设计中，教师要树立正确的课程意识，创造性地使用新教材，引导学生在各种课程资源的训练和长期的语言实践中，自由地表情达意，写出优美的文章，说出得体的话语。”

10.“要变着法儿让学生爱读书，好读书，以书为友，视书为生命中须臾不可或缺的精神食粮。”

11. 开展研究性作文，“研究性作文新模式必定会给我们的作文教学带来新的起色。”

12.“进行研究性阅读，即把文本探究定位在‘研究’层次，以有效提高学习立意，拓展探究深度。”

13. 应该“开辟科技文阅读的新途径”。

14. 教师应该教学生进行比较阅读。

15. 教师应该学会吟诵。

16.“教师除了要不断更新自己的教学观念外，还必须在设计中注意做到善于引导学生自主学习，重视课堂的互动生成，创设最佳的教学情境，精讲精练，落实‘三维’目标，做到教得生动，学得活泼，轻负担，高质量。”

17.“随着师生互动生成的不断推进，教师应根据学情的变化，随机调整教学的程序及环节，学习目标可在生成中随机升降，学习重点可在生成中调整，探究的主题可在生成中替换，只有这样，我们的教学才会是有效的。”

18.“教师应充分利用评价这个环节，使之成为教育过程中的有机组成部分。”

19.“我们应该研究，面对迥异于小学生的、逐渐成长乃至成熟的中学生，究竟该怎么施行情境设计和教学。”

20.“无须否认，九十年代的众生相显示出的是人的精神的萎缩与浅薄。因此，我们所要做的就是使之伟大起来。这似乎很难，但这正是我们教育工作者的任务。而这一点，在语文教学特别是作文教学上，大概应该承载更多的责任与义务。”

21.“‘艺’是一种特殊本领，是技术和智能的总和。具体到教师，必须懂教艺。具体到语文教师，尤其需要懂得教艺。”

22.“教师应调动学生在作品意象的激发下，根据自己的生活经验和情感体验对作品的意象进行发散和补充，这样文学欣赏过程才算完成，学生也才能真正体会到作品的意象美、意境美，才会由衷地为美的景物所感动。”

……

就此打住。当然，这只是舆论提出的任务，可以不执行。但是，这也够使人眼花缭乱的了，而且对语文教学和语文教师形成了一种压力。

三、成绩非常可怜

任务那么多，成绩却十分可怜。这里还是用发表在《中学语文教学》上的话来说明成绩不佳的现实。引号里的都是原文。

1.“高中毕业，却仍然没有学会读书，没有读书的方法与审美意识。”

2.“只强调理解，不强调记忆，等于白学。试问现在的高中毕业生，学了十几年语文之后，还记得几篇课文？背得几篇诗词文章？”

3.“高一学生对新课程和语文学习感到畏惧，这无疑不是我们愿意看到的现象。”

4.“由于教材容量大，周课时少，教师们加班加点，负担很重。学生的阅读量上不去，没有时间，无法在课外阅读。学生课外探究性活动因缺乏时间保障、场地保障、师资保障，多是落在空处。”

5.“即使在教师的层层追问、反复‘引导’之下，学生得出这些问题的答案，是否就意味着达到了阅读教学的目的呢？仍然不是！因为学生感受理解的不是文本本身，而是老师等他人对文本的理解，学生并没有因阅读文本而心灵感动，精神世界丰富起来，阅读能力得以提高。”

6.“学生作文虚假的严重问题由来已久”“中学生的语文学风，已经变得越来越浮躁了。最容易看出来的是作文。弄虚作假，无病呻吟，为文造情，浮华不实，已不再是个别现象。”

7.“2004 年和 2005 年《语文学习》刊出的四十几篇‘优秀’高考作文，其中大多是罗列材料，铺排事例，大量借助修辞手法和各种花哨的所谓诗化语言，再加上真假莫辨的旁征博引，来路不明的哲理警句，作丰富深刻状，力图给人以满纸烟霞、才思横溢的印象。”

8.“当代中学生本来就喜欢跟风，尤其对青春的诗意写作情有独钟。拿一点点浅薄的情感渲染成一篇散文，并不算很难，怕只怕分析说理，遇到议论文就傻眼，往往写不了几句就惯性地滑向‘随笔体’——名副其实地随着笔头走，写到哪儿算哪儿的一种中学生文体。”

9.“江苏省高考作文阅卷组在 2001 年高考作文阅卷报告中写道：‘许多作文的语言基本功差，连话也说不清；有些学生热衷于使用欧化的语句；一些考生无法准确地表达自己的意思，句子写不顺，错别字过多……’如果要上升到文化底蕴、精神底子的层面，那就更要让人摇头了：‘从总体上看，29 万份作文试卷大多数是缺乏书卷气的，简而言之，不像有文化的人写的，不像读过书的人写出来的。’”（江苏省高校招生委员会主办的《招生考试报》2001 年第 2 期）

10.“对 100 名学生的调查，对作文有较高兴趣的占 10%；只是完成任务的占 50%；没有作文兴趣的占 40%。调查结果：从教到学都处在一个较低的活动层面，不可能达到较好的效果，难怪人家用异样的眼光看待我们的作文教学。”

……

如果想继续引用，在各种各样的报刊上可以找到许许多多的材料，使得任务与结果形成了落差极大的对比。“交任务多如牛毛，算成绩寥若晨星”，提出过多的无法实现的任务，也是浮躁情绪的一个特征。

心急喝不了热粥！

第四章

被迫保护低效模式的群体

语文教学战线上，有一个令许多人都迷惑不解的问题，就是语文教学改革搞了一次又一次，语文教学效果不佳的问题不但没有解决，还有愈演愈烈之势。不就是教师在课堂上分析太多，学生学习语言文字的时间太少吗？也就是说，不就是重分析、轻语言文字训练的教学模式在作怪吗？问题怎么老是解决不了呢？

某些教授、专家开了许多“药方”，一个也不顶用，这是因为他们老是在研究室里考虑问题，老是纸上谈兵。不在语文教学战线上摸爬滚打十年八年，休想了解语文教学的真相！他们如果能够“走基层，转作风，改文风”，就会了解到，除了认识有误区和浮躁情绪在作怪，还有一个群体在保护着重分析、轻语言文字训练的教学模式。如果不顾这个群体，不照顾他们的利益，任何语文教学改革都是不会成功的。

这个群体的一方是家长、局长和校长，“长”字号有点儿像是语文教学的“买方”，他们需要当前的语文教学；这个群体的另一方是教师、教研、教授，“教”字号有点儿像是语文教学的“卖方”，他们提供当前的语文教学。

他们中的多数，都是被迫执行、保护低效模式的，同时也是受害者。

第一节
家长、局长、校长

三“长”需要什么样的语文教学，对语文教学起着重大的作用。他们需要重分析、轻语言文字训练的模式，但有时候又对这种模式造成的结果表示不满，有一种矛盾的态度。不过，他们主要的倾向还是维持现状，保护了这种低效模式，尤其是校长。

一、家长

“望子成龙”是家长们的需求，孩子的成长是他们的利益。家长跟学生的利益基本一致，这里就不单独分析学生了。我们要为最广大人民群众的利益服务，研究语文教学改革，就必须照顾家长的利益；违反他们利益的语文教学改革，肯定都是要夭折的。

家长的利益，概括地说，有两个方面。

第一，需要自己的孩子具有良好的思想品德。

所有的家长都希望自己的孩子具有良好的思想、崇高的品德，能够诚实守信，能够遵守公共道德，孝顺父母，尊敬师长，关心他人；希望自己的孩子远离社会生活中的污泥浊水，远离违纪犯法行为。他们除了自己教育孩子之外，还寄希望于学校和社会上各种各样的教育机构。这是很自然的。

语文教学中的重分析模式很适合家长们的需求。他们以为，老师在课堂上分析文章，对学生的思想品德教育有利。他们希望多多用课文中的正确思想教育学生，用文学作品中的崇高形象感染学生。

语文教学改革必须照顾家长们的利益，所以语文教学中的思想教育只能加强，不能削弱。

第二，需要自己的孩子具有合格的学习成绩。

家长都希望自己的孩子文化知识的成绩好，成绩越好越高兴。但是，随着孩子年龄的增长，学生们的成绩逐步拉开了距离。家长便会根据自己的情况和孩子的现有成绩以及孩子学校的情况，定下对自己孩子学习成绩的期望值。例如到了初中三年级，孩子的学习成绩好，便希望孩子能够上高中、上大学；孩子上了大学，成绩很好，家长便希望孩子成为研究生、博士生。如果到了初三，孩子的学习成绩不好，家长便希望孩子能够上职业学校。总之，家长都盼望自己的孩子能够尽可能升入更高一级的学校学习。因此，孩子尽可能升学便成了家长最关心的事情。这是家长们的利益。

为了孩子的升学，家长们除了支持重分析的模式，也希望语文教师对学生多进行语言文字训练和作文训练，以提高考试成绩。所以，进行语文教学改革，千万不能反对应试教育，不能把应试教育和素质教育对立起来，而应该把应试教育纳入素质教育之中。本来嘛，在现代社会，应试本领非常重要，例如求职、升级等都需要应试的本领，所以如果在排斥应试教育的立场下进行教学改革，肯定不受家长们的欢迎。把应试教育当作素质教育的一部分，用提高学生素质的办法去提高应试能力，则是我们努力的方向，尽管这样做困难很多。我们要反对的是只抓应试教育，把素质教育扔在一边的做法。

看来，家长们重视语文的分析课，同时也比较重视语言文字和作文的训练。总的说来，家长们对于重分析、轻语言文字训练的教学模式，是肯定多于否定。

二、局长

我们把区县教育局局长当作领导的代表，甚至当作国家的代表。教育局长必须执行党的教育方针和政策，执行国家各种各样的法规，所以局长的利益，往往可以代表国家的利益。

现在有些教育局长很懂教育，甚至很懂语文教育，有的就是语文教师出身，例如盘锦市教育局长、党委书记就曾经是原著名语文教师魏书生。

教育局长反映了家长们的利益，同家长们的利益有一致性。

第一，希望学生具有坚定的政治信念和高尚的道德品质。

任何时代，人们都把德育放在第一重要的位置。韩愈在《师说》开头就说“师者，所以传道授业解惑也”，把“传道”放在第一位。我们现在说的“德智体美劳”，德育也是第一项。教育局长也不例外，总是最希望他们辖区的学生直至全国的学生都具有坚定的政治信念，拥护中国共产党的领导，热爱社会主义祖国；希望学生具有遵守纪律、关心集体、诚实守信、助人为乐的品德。在德育课效果不够理想的情况下，便把进行品德教育的希望寄托在语文课上。有的局长在会上说：“要站在育人的视角深入思考语文教学的意义和价值。要重新认识和挖掘语文学科的育人价值，准确认识语文学科在儿童成长期的独特价值，为其终身发展形成良好的价值观。”这是发表在互联网上的话，是局长们的心声。

由于语文课在思想品德教育方面的作用，局长一般都积极支持重分析的模式。因此，语文教学改革，必须照顾对学生的思想教育，必须在育人方面有所贡献。如果排斥思想教育，这样的改革是不会受到局长的欢迎的，也不可能受到国家的肯定。这跟家长的意见是一致的。所不同的是，局长更加注重思想品德教育。

第二，希望实现“升态平衡”，最好是“升态提升”。

升学给局长造成的压力之大，其他人是很难体会到的。有一次，我们受到邀请，从北京到晋南一个县去讲课，该县教育局局长不是在本县车站迎接我们，而是到远离他们县的中途站太原车站迎接我们。上车找到我们之后，便一个劲儿地跟我们说升学压力太大，简直招架不住，希望我们帮忙。还有一个县教育局局长对我说："我们这个县，每年必须有320人考取大学，考取不了这么多人，我走在路上，会有人向我扔石头。我连吃奶的劲儿都用上了。"他需要"升态平衡"，每年升学的人数不能减少。

维持"升态平衡"都困难，做到"升态提升"就更困难了。为了"升态平衡"，争取"升态提升"，每年年初，全县有希望考取大学的几百人被集中到县里进行培训。在这样的集训班里，字词的复习、改病句的练习极受欢迎，作文的练习更是倍加重视。平时教师用重分析、轻语言文字训练的模式上课受到支持；到了复习阶段，语言文字的复习则会受到前所未有的重视，部分补充了过去语言文字训练的不足。

所以进行语文教学改革，必须考虑局长们对加强思想品德教育的需要，还要适应学生升学的需要。

第三，局长们对语文教学改革的态度。

现在，教师的地位提高了，工资也增长了，可是，教师这个职业还是不令人羡慕，主要原因是教师的工作量，尤其是语文教师的工作量太大，使许多人望而生畏。真正热爱语文教学的语文教师不是很多。所以，局长们非常担心自己的辖区教学质量上不去，因此摸索出了抓教学的一套做法，譬如加强教研室的工作，开展一些竞赛之类的活动，支持学校搞公开课，支持学校教研组的工作，等等。总之，局长们对当前流行的重分析、轻语言文字训练的模式，对一些形式主义的做法，都会被迫支持。

局长们虽然支持使用重分析、轻语言文字训练的教学模式，但是，他们也清楚这种模式的消极作用，所以在各种各样的场合，常常表示希望语文教师大胆进行教学改革。我就从互联网上看到某教育局局长就如何提高初中语文教学质量和效益提出的具体要求：1. 要切实加强语文基本功训练。2. 要大幅增加阅读量。3. 要增加诵读量。4. 要注意勤写，勤写笔下生花。5. 要注重课堂教学改革，改变教师“一讲到底”的局面。6. 要夯实语文教师的功底。可见这位教育局局长十分了解现在语文教学的弊病。局长们一般都会审慎地支持语文教学改革，虽然不随便表态。

局长们深深地知道，语文教学效率低是一个社会问题。不解决许多社会问题，语文教学改革是很难见成效的。局长们还深深知道，语文教学改革的问题不可能单独解决，必须在教育部的领导下，跟整个教育问题一起解决。

三、校长

校长的利益代表了学校的利益。

中国的校长是一个悲壮的群体。很长一段时间，他们担负着超负荷的工作量，教学工作根本没有时间去管，还常常处在挨骂的地位。我在国外发现，外国的校长工作相当轻松，而且受到学生、教师的敬爱，跟我们的校长成为鲜明的对比。我们的多数校长之所以吃力不讨好，是因为他们处于利益的交汇点。各项工作由校长分派，教师工作量的大小，所在年级的高低，往往是校长说了算；教师收益由校长决定，工资、奖金的多少，职称的高低，住房的好坏，乃至吃喝拉撒睡，生老病死养都要校长拍板。权力过分集中，是校长工作量太大的原因；利益的分配很难让所有人满意，是校长挨骂的根源。经过这些年的改革，校长的权力没有以前那么集中了，例如解除了人身依附关系，教师工作的调动，校长已经没有什么权力了，同教师的关系靠合同维持；一些分配方面的事情，例如住房问题等，已经离开了校长工作的范围。这样一来，校长就有时间管教学了。

跟局长不同的是，校长们非常了解自己的学校，对于学生厌学、教师厌教的情况，有切肤之痛。一些教师虽然跟学校签了合同，但是在金钱浪潮的冲击下，“这山望着那山高”。好教师常常在外面兼课或者做家教，影响了在校的工作。能够做白领就绝不在学校待着，在学校教书往往是出于不得已的"韬晦之计"。考试压力过大，学生进行学习往往是被迫的，所谓"快乐学习"是可望而不可即的事情。这是学校内部的压力。学校外面的压力又是那么大，"升态平衡"使校长疲于奔命。校内外的压力，使得校长们往往感到自己的工作很被动，要采取许多措施应对被动的局面。

第一，十分强调投入，号召教师努力工作。

"投入"是校长们对教师用得最多的词。他们希望教师们全心全意投入工作，绝不要旁骛。我们评职称到过许多学校，校长介绍该校参评教师时，几乎都是同样的话："这位老师工作态度非常好，早来晚走，家里有病人也不请假。"因此，只要投入多，校长一般都会支持。

校长希望语文教师备课要细致，教案越详细越好。我碰到过几位校长，按教案的字数发奖金，字数越多，奖金越高。校长希望语文教师对作文要精批细改，不仅要有总批，还要有眉批，有的校长按照总批、眉批的字数决定奖金的多少。一位高中语文教师一年批改作文、作业的字数，几乎相当于出版社一个编辑一年编辑的字数，而语文教师绝没有减轻这种工作量的可能；教师批改不过来，学生就不能多写多练。作文批改问题长期得不到解决，跟校长的态度是大有关系的。

校长最怕的是家长"告状"，家长对教师不满意，一封信告到教育局，校长便十分紧张，所以总是要求教师多多投入。

第二，十分强调兴趣，最相信"兴趣是最好的老师"。

学生学习的兴趣不够高，尤其是对语文课，不少学生没有兴趣，甚至十分厌烦，他们往往为了考试，不得已才学语文。校长对这种情况十分了解，于是老是要求语文教师激发学生的兴趣。他们希望教师讲得生动活泼，使学生爱听。激发学生兴趣的办法越多的教师，越受到校长的青睐，所以，重分析、轻语言文字训练的教学模式，非常受校长们的欢迎。为了激发学生的兴趣，建立电化教室，校长们不遗余力；课件刚刚出现，校长们就竭力使课件进入语文课。当前课件泛滥成灾，跟校长们强调兴趣有很大的关系。轻视语言文字训练不是要影响高考、中考的成绩吗？校长们心里非常清楚，影响不了多少，因为有社会课堂这个“保险公司”，学生的成绩差不到哪里去。再说，教师的分析可以对学生进行思想品德教育，何乐而不为呢？这样一来，许多形式主义的做法便在学校畅行无阻。

第三，十分强调典型，相信典型能够带动一大片。

公开课长盛不衰，跟校长抓典型有很大的关系。教师也想上公开课，因为作课是一种作秀的好机会，可以改善自己在学校领导和同仁眼中的地位，许多人想作课还作不了呢，所以被教研组长定为作课教师，多少是一种荣誉。校长们正是利用了这种心理抓公开课，希望培育出好典型，带动其他教师。如果能够培育出一个优秀教师，费多大的力气，校长们都愿意。要是能够抓出一个像钱梦龙、魏书生、于漪这样的典型，学校便可以“飞黄腾达”了。公开课当然使用重分析、轻语言文字训练的教学模式，于是这种模式的地位也就更加巩固。

第四，十分讲究服从，希望教师无条件服从领导。

面对教师积极性不高的情况，校长总是希望教师从维护学校利益的大局出发，维护家长、学生的利益，把学校的教育工作、教学工作搞好。希望教师听从学校行政领导的指挥，团结一致把学校各项工作搞上去。

在多数校长的眼里，重分析、轻语言文字训练的教学模式是经典模式，是不能随便更改的。尤其是教师在课堂上对作品思想内容的分析，校长一般都给予极大的肯定。谁要是改变这种模式，校长会担心思想品德教育、学生学习的兴趣、学生的升学率受到影响，往往要严厉批评想改变这种模式的教师。最近这些年，不少人提倡语文教学要回归，课堂里要以读读背背抄抄写写为主，可是，在校长的批评下，有几个教师敢那么做呢？最近这些年，不少人提倡教师要有个性。这是书生气十足的倡导。韩军老师曾说：校长“可以容忍一个两个甚至三个五个有突出‘个性’的老师，但是断然不能容忍十个八个甚至全校整个教师队伍个个都有自我的‘个性’。如果那样，他统领学校、驾驭教师的难度，将高出何止百倍①！”韩军老师说得太客气了，好些校长连一个有个性的教师都不能容忍。

通过上面的分析，我们可以看到，校长这个群体是维护低效教学模式的重要支柱。当然，校长们采取上面说的措施，是被迫的，面对学校和社会的情况，他们很难有别的选择。校长也值得同情。

不过，什么都不能一刀切，校长们的情况也是各式各样的。这些年也出现了一些敢想敢干的校长。例如原北京市十一学校校长李希贵就是一个代表。他善于思考，勇于改革。在任高密一中校长时，李希贵实施了“语文实验室计划”，最突出的改变是课程安排，每周用两课时完成教材规定的教学任务，其余的四课时让学生到自修室去读书。他深深懂得课文分析没有什么作用，社会课堂具有更高的效率。我们希望多多出现一些敢于打破陈规，敢于支持语文教学改革的校长。事实上，这样的校长也确实在不断增加。

当然，这样的校长再多，语文教学改革也是进行不了的。语文教学改革是一个社会问题，必须在党的统一领导下，在教育部的直接指挥下，统筹安排，跟教育改革的其他问题一起解决。

① 韩军《教师个性应当缓提》，《中学语文教学》2002 年第 8 期。

第二节
教师、教研、教授

教师、教研、教授是支持低效模式群体的核心部分。三“教”对于维护低效模式，起着主力军的作用。

一、教师

语文教师是一个悲愤的群体。他们始终担负着最沉重的工作量，却最不受欢迎。他们要看大量的材料进行备课，要花费大量时间评改作文和作业，学校还特别喜欢语文教师担任班主任，理由是语文教师做思想工作更方便。语文教师还要经常担任学校的文字工作，如出墙报、出校刊。甚至起草、编辑某些文件，也要语文教师负责。沉重的工作量压得许多语文教师抬不起头来，他们常常说：“我天天忙得脚巴丫子朝天。”然而，语文课在学校里最不受欢迎。数理化外常常挤占课余的时间和空间，挤占学校的教育资源，学校往往支持数理化外而冷落语文，语文教师想开展语文的某些活动，常常困难重重。一些语文教师后悔选择了语文教师的职业。

怎样对付这种工作沉重而又不受欢迎的局面呢?

第一，利用低效模式，维持语文教学。

语文教师都会利用重分析、轻语言文字训练的教学模式来维持语文教学。他们之所以要利用这种模式，有种种不同的原因。

一是，这种模式对德育有利。教师们爱党爱国，出于教育学生的责任心，自觉把德育放在第一位。他们希望利用课文分析，发掘文章的思想内容，让学生受到教育、熏陶，形成正确的价值观。

二是，这种模式容易使用。在第二章第五节我们说过，一些非语文教师都会教语文课，并且申请语文教师的高级职称；连学生也会教语文，有些地方搞过“小将上讲台”。分析课文也是非常容易的事情，只需要把课文中的一些人物或者描写什么的互相联系起来，说说它们表示了什么就行。譬如说，分析《季氏将伐颛臾》，只需要把孔子和冉有、季路的态度联系起来，把双方的观点加以评论、加以比较，主题思想就非常明确了。如果教师不教，学生想一想也会明白。在工作量巨大的压力下，教师被迫使用这种容易使用的低效模式。

三是，他们中的一部分人只会使用这种模式。多年以来，教师使用这种模式已经习惯了：板书课题、介绍时代背景和作者、解释字词、让学生默读或朗读课文、进行作品分析（包括人物分析、语言分析、技巧分析等），然后是概括主题思想、段落大意、写作特点，其中作品分析是重头戏。这一套程序，教师们用得烂熟。学校的小组备课、区教研室的全区备课或者去中心学校进行的备课，使得这种模式的“安全系数”非常高；使用其他模式会遭受打击。长期的现实情况，使得许多教师只会使用重分析、轻语言文字训练的模式。如果不让他们使用这种模式，让他们使用其他模式，他们完全可能不会教语文课了。

所谓“维持语文教学”，就是勉强地进行语文教学，维持现状。这是一部分语文教师的利益。换一种教学模式上课，符合他们的长远利益，不一定符合他们眼前的利益。所以实现语文教学改革，必须考虑这些教师能不能接受。

第二，利用低效模式，改进语文教学。

所谓“改进语文教学”，就是不满足于维持现状，而且要有所改进，使重分析、轻语言文字训练的教学模式更加出彩。在学校地位比较高的教师，或者在一个地区有些影响的教师，往往采取维护低效模式并且略为改进语文教学的做法，以争取早日评上高级教师或者特级教师的职称。这是一种社会主义积极性的表现，应该受到支持。

他们分析课文时，力争分析得更加仔细，更加出色。他们用生动的语言进行讲述，用恰当的提问进行调动，用有趣的事例进行引导，使学生充分地动起来，配合教师的讲解和引导。他们对课文进行凌迟碎割式的分析，许多细致的地方绝不放过。这样一来，分析讲解占据的时间更多，无用功占的比例更大。

他们抢先使用新的教学手段。社会上有人提倡什么新鲜的做法，他们立即响应。例如社会上有人提出要进行“研究性学习”，他们马上就让学生进行分组讨论；社会上有人提倡“创造性作文”，他们立刻就会鼓励学生进行想象，充分发挥求异思维的作用。现在课堂上课件泛滥成灾，跟这一部分教师有很大的关系。

他们喜欢上公开课，以能够上公开课为荣。听课的范围越大，他们越高兴。接到作课的任务以后，他们对“暗操作”最上心，对上课的各个步骤做最仔细的安排。对其他形式主义的做法，他们也往往最为热心。

不完全维持现状，略为改进语文教学，以便获得更好的效果，是这一部分教师的利益。他们在语文教学战线上做出的成绩，也绝不容许否定，这也是他们的利益。换一种教学思想，换一种教学模式上课，必须考虑这一部分教师愿意不愿意接受。

第三，利用低效模式，改革语文教学。

语文教学队伍里面出现了一批时贤精英，如钱梦龙、于漪、魏书生、洪镇涛等，这是专家级的语文教师。钱梦龙、蔡澄清、黎见明等是导读派，强调教师的主导作用，主张把语文教学过程当作对学生进行训练的过程。于漪、欧阳代娜等属于情感派，强调教师要有激情，用自己的一片丹心感染学生，培养学生热爱祖国、热爱生活的情感。魏书生、张富是管理派，运用控制论、管理论把教育管理与语文教学结合起来，强调发挥学生的自学能力和自我教育的能力。洪镇涛为语言派，反对把语言学习变为语言研究，主张加强语感训练，引导学生感受语言、领悟语言、积累语言，培养学生正确理解和运用祖国语言文字的能力。

还有一批特级语文教师，也各有各的贡献。有的提出了一些理论，并且利用各种场合推广自己的想法；有的进行了各种各样的教学实验，产生了一些新的做法。他们往往有相当大的社会影响，甚至有一些粉丝跟随，虽然他们的社会影响没有时贤精英那么大。

时贤精英也好，特级教师也好，他们一般都是靠重分析、轻语言文字训练的教学模式起家的，也就是说，他们主要是在课文分析上下功夫，而不是在教学生学习语言文字上下功夫，只有洪镇涛老师例外。例如钱梦龙老师强调教师是主导，在哪儿导？在分析课文方面导。于漪老师用自己的激情感染学生，也是在课文的内容上下功夫，因为只有课文内容有激情，语言文字是没有什么激情的。其他大多数老师，也都把主要的精力花在文章内容的分析上，而没有把主要的力量花在学生的语言文字学习上。在认识误区存在的条件下，在浮躁情绪的影响下，在语文教学受到严密控制的情况下，几乎所有的语文教师都得使用重分析、轻语言文字训练的教学模式。改革搞得再多，跟头翻得再远，也翻不出如来佛的手掌心。

进行语文教学改革，必须考虑时贤精英和特级教师们的利益，进行语文教学改革，一定要尊重和吸收他们的劳动成果，千万不能因为他们运用了课文分析而否定他们，千万不能再从一个极端跳到另一个极端。他们锐意改革，我相信，他们不怕否定自己运用过的低效模式。

总的说来，一般语文教师差不多都被迫使用重分析、轻语言文字训练的教学模式，因此，他们最明白这种模式的消极作用，他们一定会成为语文教学改革的主力军。

二、教研

教研实际上是两部分人，一部分是各种各样教研所里的教研人员，这部分人可以归入教授一类，这里不去说他们了；另一部分是区县教育局下属的教研室里的教研员，这是我们这里要关注的对象。

教育领导部门要领导语文教学，必然要通过教育局下属的教研室进行。

教研室的教研员，虽然不在教学第一线，却担负着沉重的任务和巨大的责任，经受着巨大的压力，他们的辛苦常常不亚于第一线的教师。语文教学改革绝不能忽视这一部分人的利益。

第一，他们要组织教师备课。

他们是专业教研员，要组织全区教师每周一次的备课活动。在此之前，他们自己要研究课文，做到跟第一线的教师一样仔细，甚至更加仔细，看的参考材料可能更多。在此之前他们还要组织业余教研员进行准备。活动开始，他们要进行组织工作，清查人数，对于没有来的教师，散会后要设法联络并且进行劝导。在业余教研员讲解结束之后，他们可能还要回答教师们提出的各种各样的问题。

作为专业教研员，他们只能允许、鼓励教师使用重分析、轻语言文字训练的教学模式，这种模式便有了更大的合理性。而这也正好照顾了家长和局长的利益。

第二，他们要解答各种各样的问题。

他们是全区教师的业务顾问，教师在备课当中提出的许许多多问题，往往使他们非常头疼。只要进行课文分析，就会分析出无数连想都想不到的问题。比如鲁迅的《孔乙己》里有一句“孔乙己大约的确死了”，又是“大约”，又是“的确”，是不是自相矛盾？回答说“是自相矛盾”，那就要回答鲁迅为什么会犯自相矛盾的逻辑错误；说“不是自相矛盾”，就得解释“大约”和“的确”为什么同时使用。尽管这些问题杂志上说过，可是教师哪里有时间去查？于是问教研员。现代汉语语法学很不成熟，过早进入语文教学领域，造成了教师面临大量问题无法解释的局面，例如词和短语、单句和复句、病句和非病句划不清界限的问题，都问教研员。如果不涉及考试，回答还容易一点；如果涉及考试，麻烦就大了。例如某一个句子到底是不是病句，某个词用得对不对，回答就要担风险；教研员的回答跟考卷答案不一致，考生被扣了分，就会有人找上门来算账。

业务顾问不是那么好当的。吕叔湘先生出于好意，提出在语文教学中，结构助词不分“的”和“地”，合并成“的”，教师判作文会减少困难。可惜的是，到了下面，却产生了无数的麻烦。山西一位县教研员对我说了一件令他哭笑不得的事情：“的”和“地”不是要合并吗？学生在试卷上没有合并，算不算写错字？要不要扣分？教师问县教研室，教研室无法回答。如果说“不算”，不扣分，那为什么还要合并？如果说“算”，要扣分，岂不是增加了错字？真是左右为难。

这些事情，涉及家长和局长的利益，非常难处理。

第三，检查教学效果。

他们也受命常常到各个学校去听课，检查教学的情况，也负责区县组织的公开课、竞赛课、研究课等等，以促进教学。最令他们头疼的是到了统一考试之前，要出各种各样的考卷。各个地区的情况不一样：有的地区每一个年级都统考，六个年级就得出六份考题；有的是只出毕业班的会考考题，初中和高中各一份。

一到出考题的时候，他们就要投入极大的精力，常常日夜忙个不停。考题是不是合适，答案对不对，评分标准高不高，都需要反复讨论、核查。各个学校考试、评卷之后，还要进行试卷分析，探讨如何发扬优点，如何克服缺点，如何进一步提高本区的教学质量。如果保不住“升态平衡”，升学率下降，则上有局长的批评，下有家长、校长的责难，日子就不好过了。

第四，了解全区的教师，掌握教师的情况。

区县教研室的专业教研员，往往十分了解全区全县教师的情况，常常能够说出各个教师的特点。他们是在教研活动中，在听课过程中，在平时的接触中，逐步了解全区县教师的情况的。所以，在职称评定的时候，他们常常是评委会的主要成员。由于对教师的情况非常了解，所以评定工作往往进行得比较顺利，一般不会产生不良后果。

教研员当然是重分析、轻语言文字训练教学模式的重要支持者，他们不可能离开这样的教学模式。

他们应该受到尊重，他们抓教学工作的经验，是宝贵的财富。保护他们的劳动成果，是他们的利益。进行语文教学改革，一定要照顾他们，让他们有用武之地。

三、教授

我们把教学研究所的教研员包括在教授队伍里。教授和教研员，这是唯一一个不是被迫支持低效模式的群体。他们中的许多人，成了重分析、轻语言文字训练教学模式的理论支柱。

一些中文系的教授们除了做好他们的本职工作之外，还很关心中小学的语文教学，这是一种社会主义积极性的表现。他们发表一篇专业论文，阅读的人可能寥寥无几；如果能够在中小学语文教学当中做出一点贡献，就可能惠及几亿人。争取多做贡献，当然是值得学习和鼓励的。

他们有理论。而语文教学改革特别需要理论。譬如有人提出中学生要进行“创造性作文”，这件事是不是可行呢？需要从理论上进行论证，如“创造性作文”的理论根据是什么，教育学、心理学上是如何看待创造和“创造性作文”的，历史上有没有现成的经验可以借鉴，国外是如何进行这方面的工作的，有没有新的理论支撑。这就需要对“创造性作文”进行定义，明确“创造性作文”的内涵和外延，需要大量调查的事实和数据来证明中学生能不能进行“创造性作文”，如果能够进行，能够进行到什么地步；怎么做是恰当的，积极的效果是什么；怎么做是不恰当的，负面的效应怎样防止。中学语文教学的精英们和一般的教师们，理论水平都不高，很难做到理论论证，所以特别需要教授们、教研员们做这件事。

可惜的是，现在往往有人提出各式各样的主张，却缺少必要的理论论证。一些人常常是凭主观想象，凭一些抽象的说教推论来推论去，既缺少调查研究得来的事实，也缺少真正的理论。往往是道听途说，食外不化，成了教条主义的新八股。好多“左”倾的主张，就是脱离实际的人们提出来的。他们对语文教学的实际情况往往一无所知，成了低效模式的精神支柱，在语文教学当中起着消极的作用。他们还误认为发表一些浮躁的思想是他们的利益。

一些教授、教研员在语文教师当中的威望极低，一般语文教师都不看他们的文章，常常把他们的言论当作笑谈。毛泽东有一段话，值得这些教授和教研员记取：“有许多人，‘下车伊始’，就哇啦哇啦地发议论，提意见，这也批评，那也指责，其实这种人十个有十个要失败。因为这种议论或批评，没有经过周密调查，不过是无知妄说。”（《〈农村调查〉的序言和跋》）所以我们迫切希望教授、教研员们“走转改”。走基层，深入到中小学语文教师的队伍，切切实实了解语文教学的真相，了解为什么语文教学问题成了“老大难”问题；转作风，先做学生，后当先生，拜第一线的教师为师，虚心向第一线的教师学习，了解语文教学的好经验，上升到理论，用以指导语文教学的实践；改文风，不要极力去制造一个又一个的新名词，不要故作高深，要改变华而不实的文风，要深入浅出地说明问题。

这才是教授的利益所在！

第五章

语文教学的回归性改革

语文教学改革喊了许多年，根本就没有成功；本来有一些成绩，但是都被一些错误的做法压缩了，冲掉了。怎样才能实行有效的改革呢？一些人提出应该进行语文教学的回归，不少文章赞成这种观点。回归，绝不是简单地回到古代，大家再去背诵四书五经。回归，就是要回归到语文课诞生以前的某些状况，既吸收私塾传统语文教学的优点，又要摒弃私塾语文教学的缺点。改革，就是在吸收传统语文教学优点的基础上，创造语文教学新的格局。既回归，又改革，这就是回归性改革。

回归性改革，不是机械地重复，而是螺旋形上升。回归性改革，一定不能重复“五四”时期否定传统语文教学好经验的错误，不能否定现在教学取得的成绩，而是要吸收百年来的好经验，好做法，摒弃现在的错误做法，也就是要批判地继承。

语文教学改革，是一项巨大的、综合性的工程，一定要在党的领导下，在教育部的直接指挥下，动员教育工作者和一切有关人员去完成这项工程。首先要进行大规模的调查研究，了解整个社会运用语言文字的情况、中小学生语文学习的情况、语文教师的情况等，再经过大规模的讨论，逐步形成语文教学改革的理念和方案，然后编写合适的教材，进行一段时间的试点，修改语文教学改革的理念、方案和教材，然后进行推广。同语文教学有关部门的工作，如师范院校中文系的课程安排、教育部门和学校的管理机构的职能、有关的教育研究机构的职能等，都需要做出相应的调整。此外，还要同其他教育部门的改革协同进行。我们希望用 30 年左右的时间完成这项工程。

本书抛砖引玉，提出分科教学的方案，准备用课堂“虚录”提出我本人理想中的语文教学，以参加这场大讨论。

第一节
回归改革的关键——减少分析，分科教学

实行回归性的语文教学改革的关键，就是要减少课文分析，实行分科教学。

一、根本性的错误在于断档

政治领域的革命往往是另起炉灶，是彻底地除旧布新。而文化教育领域的改革应该是批判地继承，就是舍弃错误的旧内容，继承、发扬优秀的传统，千万不能断档，千万不能一切都另起炉灶。而语文教学中存在的问题，正是一些好传统断了档。

断档是从什么时候开始的呢？从有语文课的时候就开始了。语文课起源于1902年清朝政府颁布的《钦定学堂章程》，1903年设立了语文学科，出现了《中学堂国文教科书》。不过，语文学科的正式成立，一般认为以1935年叶圣陶的《国文百八课》为标志。1902年到1935年，是新旧语文课的过渡时期。“五四”恰好在过渡时期的中间，我们就把“五四”当作新旧语文的分界线吧。“五四”以前的语文教学，是旧时期的语文教学，也就是私塾的语文教学；“五四”以后的语文教学，是新时期的语文教学，也就是学校的语文教学。当然，新旧的交替是一个长期的过程，把“五四”当作分界线，只是为了说话的方便。语文教学的问题就出在新时期的语文教学已经部分断档了。

旧时期的语文教学，内容是四书五经之类，表现以儒家思想为核心的

旧思想；新时期改为现代文选，表现现代的新思想，同时也吸收四书五经的优秀部分，所以教学内容上没有断档，只是重点改变了，这正好是批判地继承。

旧时期的语文教学，教的是文言文，新时期改为白话文为主。文言文也没有完全废除，而且旧时代原本就有白话文，文言文和白话文有继承关系，所以在语言方面，新时期的语文教学没有断档。

旧时期的语文教学，使用的是汉字；新时期的语文教学，使用的也是汉字；后来的简化字，也并不是另起炉灶，只是改变了一部分字的字形。所以在文字方面，新时期的语文教学没有断档。

但是，“五四”前后，政治斗争激烈，反映到语文教学领域，人们往往带着一种激愤的心情去看待旧时期的语文教学，从政治出发否定了中国古代形成的语文教学经验，部分中断了我国语文教育的优秀传统。

中国古代的语文教学以学生为主体，在私塾学习的学生，自己活动的时间占 90% 以上；新时期却变为以教师为主体，让教师发挥主导作用，教师讲课占据 80%~90% 的时间。

中国古代让学生通过反复诵读，自己逐步理解文章的意思；新时期却由教师进行“满堂灌”“满堂问”“满堂演”，由教师把自己的理解塞给学生，学生由主动理解变为被动接受。

中国古代的语文教学注意汉字、文言文学习的艰巨性，学生通过大量练习巩固学习成果，背诵大量的文章习得文言文的语言；新时期忽视汉语、汉字学习的艰巨性，课堂的练习很少，而且用语言研究代替了语言习得。

所以，新时期的语文教学丢掉了两千年来形成的优秀教育传统，在教学方式上断档了。另起炉灶，效果必然不佳，问题就出在这里。

在文化教育领域，另起炉灶是一大忌讳。丢掉千百年花费大量劳动形成的优秀传统，去建立新的一套，岂不是又要花费千百年的时间和劳动？我们吃了许多断档的亏。

中国的诗歌断了档。废除了旧的诗歌，另起炉灶提倡写白话诗，结果白话诗淡如白开水，老百姓不买账。我们处在一个伟大的时代，诗歌应该比唐朝还要繁荣，可惜的是现在没有老百姓喜闻乐见的诗歌，繁荣就根本没有影儿。

汉族的服装断了档。古代是有汉服的，可是清朝统治267年，摧残了汉服，以致现在56个民族，许多民族都有自己的民族服装，而汉族却没有。现在汉族的服装五花八门，“进口货”相当多，我们只能从唐装和日本人的和服当中看到古代汉服的影子。

中国的足球断了档。足球是中国的发明，古代中国的足球相当发达。可惜足球的竞赛规则、组织规则、踢足球的经验等都没有传下来。如果能够流传下来，让中国式的足球走向世界，像龙舟走向世界一样该多好。现在，我们只能从头学起，按人家的规则踢足球。

语文教学断了档，岂能好得了？

二、关键是减少课文分析

稍稍分析一下语文教学的历史和现状，任何人都会明白，减少课文分析是问题的关键。减少课文分析，并不是否定百年来语文教学取得的成绩。不属于分析范围的做法，例如介绍时代背景、介绍作者、范读课文、进行字词教学、概括中心思想、概括段落大意等，都是应该保留的。减少课文分析，也并不是说课文分析当中好的经验不应该继承，课文分析中的提问、讨论，课文分析中课件的使用，环境气氛的创设等，都是不应该丢掉的。减少课文分析，是从总体上说的，不是指每一件具体的事。为什么要减少课文分析？

第一，断档是因为课文分析。

我们的语文教学为什么部分断了档呢？不就是因为教师的讲解代替了学生的理解吗？不就是因为教师的课文分析占据了课堂的大部分时间吗？

不就是因为课文分析排挤了语言文字的训练吗？

有没有课文分析，确实是新旧时期语文教学的巨大区别。前面我说过，我两次进私塾，好比通过时光隧道到了古代；两次进学校，又好比通过时光隧道回到了现在。我在小学一二年级的时候，老师没完没了地分析课文，一篇百来字的课文能够分析一节课。到了乡下进私塾，老师一句话也不分析，全由我自己去理解。回到城里，进了学校，又是老师进行冗长的讲解。所以语文教学出现的课文分析造成了好传统的断档，或者说好传统的断档造成了课文分析——它们互为因果。

第二，错误的做法围绕课文分析。

二十世纪四十年代出现了“满堂灌”，“灌”的是文章的内容，老师是通过分析进行灌注的。五十年代出现“满堂问”，老师是通过“问”和“答”分析文章的内容。最近出现了“满堂演”“满堂论”，都围绕文章内容的分析。“满堂灌”“满堂问”“满堂演”“满堂论”，万变不离其宗，都主要为课文分析服务。教师的主要作用发挥在课文分析上。所以，过分的课文分析是语文教学的祸害。

第三，教学效益低是因为课文分析。

社会上对语文教学效益低十分不满，主要原因是中学毕业生语文水平不高。为什么中学毕业生语文水平差，错别字、病句特别多？为什么作为中国人，却没有掌握好自己祖国的语言文字？因为80%~90%的课堂时间都被冗长的课文分析占据了。不错，课堂里也分析了字词，但是，那多半是进行语言文字的研究，不是进行语言文字的学习。

不进行课文分析，只教“文”，不直接教“道”，通过教“文”让学生自己去体会“道”，是中国古代语文教学的好传统。在反对私塾教学的声浪中采取过火的行动，丢掉好传统，用大部分的时间去进行没有什么效果的课文分析，难道不是一个大失误吗？

百年的失误不能再继续下去了！

三、分科教学是取消课文分析的保证

反对“满堂灌”进行了几十年，不仅没有效果，而且课文分析愈演愈烈。那是因为认识的误区支配着我们，浮躁情绪在影响着我们，一个群体在支持着错误的做法。如果我们走出认识的误区，清除浮躁情绪，照顾各个群体，语文教学改革是不是就能够顺利进行呢？课文分析是不是就能够减少呢？

不会的，绝不会的！为什么？就因为现在的语文教学实行的是“文道混合”的模式。不打破“文道混合”的模式，不进行分科教学，语文教学改革一定实现不了。

第一，“道”是强势因素。

在“文”和“道”两个因素中，按理说，语文语文，强势因素应该是“文”（语言文字），事实却恰好相反，“文”始终是弱势因素，“道”始终是强势因素。中国古代就有“文以载道”的说法，“文”不过是“载道”的工具，是为“道”服务的；“道”才是主体，处在中心的地位。为什么历次教学大纲都没有给语文下一个定义，说“语文就是语言文字”？因为说“语文就是语言文字”会排挤“道”的中心地位。排挤了“道”，等于排挤了政治教育、思想教育，排挤了现在的人文教育，那还了得！既然“文”是为“道”服务的，到了语文教学的课堂里，就必定突出“道”的地位，这就是重分析、轻语言文字训练的模式长盛不衰的重要原因。

第二，“道”最吸引眼球。

跟语言比较起来，思想、理论、意识形态、人文内涵、作品分析等属于“道”的范围，而且还经常处在变动当中。就说文学作品的分析和评价吧，也是经常变化的。例如鲁迅的《阿 Q 正传》，讨论了许多年，还不断有新的观点产生，我就曾在网上看到过一些新的观点，比如说“鲁迅先生认为革命对个人而言应解决社会地位、婚姻、生计问题，这是通过塑造阿Q这个形象来表现的；认为革命对社会而言应解决政权问题，这是通过地保这个形象来表现的”，这就是变化。而语言呢，除了词汇有变化以外，语音和语法都处在极少变动的状态。所以“道”和“文”相比较，“道”更多地吸引人们的眼球，而且还会受政治形势、社会动态的影响。到了语文教学的课堂上，教师的眼球就容易被“道”吸引而忽视“文”。这就是重分析、轻语言文字训练的模式长盛不衰的又一个原因。

第三，“道”是语文课本的灵魂。

本来，进行语文教学，课本问题不是一个大问题，只要是思想内容正确，语言文字规范，深浅度符合要求的文章，都可以作为语文教材，教材问题不应该是我们关心的重点。但是，现在却在语文教材上投入了很大的力量，忽视了“文”和“道”的关系。在编教材时，选择语文课文，当然要选择文情并茂的文章，是以“道”为最主要的标准；组织单元，往往把“道”相似的文章组成一个单元；课前提示和课后练习，往往“道”是重心。这样一来，“道”成了语文课本的灵魂或核心，“文”始终处在次要的地位。即使在最重视工具论的年代，课文的缝隙插入了一些语文知识短文来讲一讲“文”，也仅仅是附属品；后来知识短文压缩成了“方豆腐块”；现在提倡人文论，一些语文课本里连“方豆腐块”也不见了。不管教材怎么编，都只能是文选式；而只要是文选式，“道”就会占据灵魂的位置。这也是重分析、轻语言文字训练的模式长盛不衰的又一个原因。

第四，“文”先天不足。

师范院校是培养教师的摇篮，师范院校的中文系是培养中学语文教师的摇篮。可是，中文系都是以文学为重点，都开设中国古典文学、中国现代文学、中国近代文学、中国当代文学课和外国文学课，占据70%左右的课时。现代汉语和古代汉语课只占20%左右的课时。文学作品表现的主要是“道”，作为语言的“文”只是处在附属的地位。语文教师处在摇篮里，学“文”的时间就很少，“文”已经先天不足。到了语文教学的课堂上，教师就容易重“道”轻“文”。这就是重分析、轻语言文字训练的模式长盛不衰的又一个原因。

在上述“文道”混合的情况下，在认识误区的误导下，在浮躁情绪的影响下，在巨大群体的保护下，按照目前的方式进行语文教学改革，肯定是不能成功的。如果把教学模式倒过来，实行重语言文字训练、轻分析的模式，可不可以呢？可以，但是这种模式肯定长不了，各种因素会使重分析、轻语言文字训练的模式很快实现“复辟”。可见“文”和“道”“一锅煮”解决不了问题。只有分家，打破“文道”混合的模式，“敲锣卖糖，各干一行”，才是解决问题之道。

四、分科能够照顾各个方面

我主张把原语文分为三门功课：汉语、阅读和作文，三门功课都采取文选的方式。用文选完成三种不同的任务，可以照顾到方方面面。

第一，可以有效利用学习时间。

私塾用 100% 的时间学习语言文字；学校要学习数理化外等，语言文字只能用 30% 的时间学习，时间减少了一大半，所以时间的利用率必须提高。废除或者减少课文分析，可以节约 80% 左右的语文教学时间。分为汉语、阅读和作文三门功课，各门功课的目标明确，任务明确，可以减少时间的浪费。

第二，能够照顾原语文课的所有内容。

假如设汉语、阅读和作文三门功课，初中每周共六课时，跟原语文课一样。又假设每门功课都是两课时。减少了课文分析，节约了时间，这样的安排完全可以学习原语文课的所有内容。

汉语课主要通过文选，夯实汉字，让初中生掌握 3 500 多汉字的形音义，力争做到不写错字，不在键盘上敲出别字。夯实常用词，掌握词义和词的用法，力争做到用课文里出现的常用词造出正确的句子。夯实课文里出现的常用句式，掌握句子格式，力争做到不出或者少出语法错误。这是原语文课忽视了的任务。

阅读课上要阅读大量文情并茂的好文章。教师只起点拨作用，可以通过提问、讲解、练习、提供参考等方式进行点拨。一定不要进行没完没了的分析，破坏了文章的感情和韵味，让学生通过反反复复的阅读，自己体会文章的思想感情，受到文章感情的熏陶。适当分出一部分时间，联系考试中的阅读题，让学生掌握一些解读文章的方法。

作文课通过大量文选，给学生以“米”，也教学生学会找“米”，使学生不至于“难为无米炊”。作文课必须定下一个规矩：“无‘米’不作文”。教材里应该有范文，供学生模仿。也教学生一些文章学的知识，掌握一些写作技巧。两周一次作文，前一周两课时用来做准备（包括互评作文），后一周一两课时用来写。

第三，能够照顾各方面的利益。

由于三门功课都通过文选进行，阅读量大增，文学作品对学生的感染力也大增，有利于对学生进行思想品德教育；教师不进行凌迟碎割式的讲解，不破坏作品的思想感情，作品对学生的教育力量可以发挥出来。这样，思想品德教育加强了，符合家长、局长、校长和教师、教研、教授的利益，符合社会的需要。

三门功课都学得扎扎实实，有利于学生运用祖国语言文字能力的提高。汉语课、阅读课和作文课，这样的格局跟中考、高考试卷的格局一致，减少了教考矛盾，有助于提高学生的升学率，符合各方面的利益，也符合社会的需要。

回归性改革千万不能走“五四”前后语文教学改革的老路，不能再从一个极端跳到另一个极端，不能否定过去百年来的一切，应该收集、研究“五四”以来语文教学中积累的各种各样的经验，尤其是时贤精英们的经验，总结出理论来指导三门功课的教学，所以教授和理论研究员们会比先前更有用武之地，这才是他们更高的利益。

继承百年来的好传统，仅仅减少课文分析！

第二节
汉语课的“实录”和“虚录”

现在世界各国中小学都有自己的语言课，美国、英国等有 English，俄罗斯有русский язык，法国有 français，西班牙有 Español，日本有“日本语”，唯独中国中小学没有汉语课。

现在，随着中国综合国力增强，中国在世界上的影响力日益增加，孔子学院遍布许多国家。不少国家的中学都开了汉语课，唯独中国的中小学没有汉语课。

这是千古未闻的怪事！

汉语课跑到哪里去了？有人会说：“语文里头就有汉语课。”不错，叶圣陶老先生解释过，“语”指口语，“文”指书面语，“语文”里头就包含口语和书面语，连语言带文字，全都有了，谁说没有汉语课呢！从道理上说，好像是这么回事。可是，事实上，在“满堂灌”的年代，在学生那里，除了听以外，口语几乎都无影无踪，书面语也受到轻视；到了“满堂问”“满堂论”的年代，口语在课堂里总算能够有一席之地，而书面语的规则则很少露面。作为中小学的母语学习，重点应该是学习书面语，因为学生已经基本掌握了听和说的能力，这跟学习外语应该以学习口语为重点是不一样的。真正需要学生努力学习的书面语，到底跑到哪里去了呢？

答案非常明确：被课文分析挤掉了。请看下面两个课堂实录对比。

一、《散步》的课堂实录

下面是2006年11月28日发布在互联网上的课堂实录，作者是一位很有作为的年轻特级教师。

师：我问同学们一个小问题：咱们班的同学有经常和父母一起散步的吗？请举手。

（学生举手）

师：请一位同学谈谈和父母一起散步时有什么感受。

生：我觉得和父母一起散步可以谈谈心，一家人有说有笑，即使父母批评自己，也不像在家中那么严肃。

师：很好。散步是家庭生活中的一项内容，它是一种温馨幸福的家庭生活。今天，我们来学习一篇叙事散文——《散步》。先请一位同学把课文朗读一遍。

（学生朗读课文）

师：本文一共写了几个人？

生：四个人。作者、作者的母亲、作者的妻子和儿子。

师：对。这四个人中最喜欢母亲的举手？

（学生举手）

师：请一位同学说说，你为什么最喜欢母亲？

生：这位母亲很理解儿子的心意，很疼爱自己的孙子。

师：请你把写母亲的地方读一遍。

（学生读第二段）

师：母亲尽管走远一点儿就觉得累，但体谅到儿子的一片孝心，就出来了。这是写母亲的动作。“她现在很听我的话，就像我小时候很听她的话一样。”这句话说明了什么？

生：母亲十分信赖孩子。

师：对。哪一个地方写到了母亲的语言？

生：倒数第二段。

师：请你读一下。

（学生读课文）

师："还是走小路吧。"母亲为什么改变了主意？

生：因为母亲知道了孙子要走小路的原因，"那里有金色的菜花，两行整齐的桑树，尽头一口水波粼粼的鱼塘"。孙子想去看看，当奶奶的应该满足孙子的要求。

师：很好。那么母亲的这段话怎么读才好呢？谁来试一试？

（学生读课文）

师：同学们注意，文中写道："但是母亲摸摸孙儿的小脑瓜，变了主意。"这是一个思想转变的过程，怎样读才能表现出这个转变的过程呢？

生：我觉得"还是"两个字带点拖音："还——是——走小路吧。"

师：很好。你体会得很到家。母亲的第二句话怎么读呢？

生：（大声地）"我走不过去的地方，你就背着我。"

师：用不着这么大声。母亲让儿子背着自己，提这点儿要求用不用事先跟儿子商量商量？

生：不用。

师：对呀。母亲说这话时很放心，很坦然。读的时候要把这层意思表达出来。请听老师读。

（老师范读课文）

师：以上我们分析了对母亲的描写。

（老师板书：母亲　善解人意、疼爱孙子　动作、语言）

师：最喜欢作者的举手。

（学生举手）

师：请一位同学说说，你为什么最喜欢作者？

生：他很孝敬母亲。

师：哪里看得出来？

生："我决定委屈儿子，因为我伴同他的时日还长。我说：'走大路。'"

师："因为我伴同他的时日还长"这句话的隐含意义是什么？

生：伴同母亲的时日短。

师：对。作者希望在母亲的有生之年能多出来散几次步。作者对这次一家四口在田野散步是很珍惜的。作者的这种感情在前面的哪一段中表露过？

生：“天气很好。今年的春天来得太迟，太迟了，有一些老人挺不住。但是春天总算来了。我的母亲又熬过了一个严冬。”

师：哪几个字应重读？

生：“太”“总算”和“又”。

师：好。作者在内心深处为母亲又熬过了一个严冬而高兴。这是什么描写？

生：心理描写。

师：对。那么作者的那句话怎么读？

生：应该干脆利索：“走大路。”

师：或者说是斩钉截铁。有没有商量的余地？

生：没有。

师：对。说一不二。“走大路。”我们把第六段齐读一遍。

（学生齐读课文）

师：刻画作者本人，较多地使用了心理描写，也有语言描写。

（老师板书：作者　孝敬母亲　心理、语言）

师：最喜欢文中这个小孩的举手。

（学生举手）

师：请你说说理由。

生：这个小孩没有坚持非走小路不可，他听从了爸爸的话，是个懂事的小孩。

师：很正确。文中小孩说了两句话，谁来读一下？

（学生朗读课文）

师：这个小孩发现了一个很有趣的现象，是靠自己细致的观察得出的。说明这个小孩怎么样？

生：很聪明。

师：对。

（老师板书：小孩　懂事、聪明）

师：只剩下妻子一个人啦。最喜欢妻子的举手？

（没有学生举手）

师：请你说说为什么不举手。

生：我不喜欢这个人物。

师：为什么？

生：妻子没有说一句话。

师：不说话你就不喜欢？

生：书上写“妻子呢，在外面，她总是听我的”。就是说，妻子在家里就不听——

师：就不听丈夫的。你是这个意思吧？

（学生点点头）

师：同学们想一想，妻子难道一切必须听丈夫的吗？

生：不行。

师：对呀。丈夫说得对才听，说得不对还能听吗？那就另当别论了。为什么这个妻子在外面总是听丈夫的呢？那是因为她维护夫妻之间在外界的美好形象，她很给丈夫什么？

生：面子。

师：对呀。用现在的话说，就是妻子在外观上是很尊重丈夫的。但是回家就不同了。在家里夫妻之间完全可以互相批评。这叫内外有别嘛！妻子没说一句话，那是因为她在等待丈夫的决定。一旦丈夫说“走大路”，妻子就毫不犹豫地支持丈夫的意见，也走大路。妻子不说一句话，正说明她是一位默默奉献、更多地操持家务的贤妻良母。她说得少而做得多，同学们不喜欢这样的妻子？反正我喜欢。你们同意我的观点吗？

生：同意。

师：喜欢的请举手。

（学生举手）

师：看法发生变化了，这就是理解了。好，下面我们把文章最后一段齐读一遍。

（学生齐读课文；老师板书：妻子　默默奉献、贤妻良母）

师：同学们，这一段内容就好像一幅电影画面，你从中感受到了什么？用一个字表示。

生：爱。

师：对。

（老师板书：爱）

师：家庭的幸福大厦就是由爱支撑起来的，散步所体现出来的温馨与幸福就在于此。希望同学们以后经常与父母一起散步，去感受美好的家庭生活。

二、《散步》的课堂实录说明什么

这个课堂实录可以分为三个部分。开头的导入是第一部分，中间的分析是第二部分，最后的总结是第三部分。开头和总结很简短，没有进行语言文字的训练，这是很自然的，这里不去说它了。我们要说的是第二部分，这是重头戏。一般的语文课差不多都是这样。

在这个课堂实录中，有这样的一问一答：

师：“本文一共写了几个人？”

生：“四个人。作者、作者的母亲、作者的妻子和儿子。”

这是这个课堂实录的纲，纲举目张，下面就对这四个人进行分析，教师的思路十分清楚。课文中的“我”并不是“作者”，是作者莫怀戚用了第一人称的写法。但是讲课当中如果不说“作者”而说“我”，这个“我”就同讲课的教师不好区分，所以教师使用了“作者”。可见教师考虑问题非常细致。

下面教师依次问谁喜欢作者的母亲、作者、作者的儿子、作者的妻子。

分析到作者的母亲，教师的提问是“你为什么最喜欢母亲？”。学生回答说“这位母亲很理解儿子的心意，很疼爱自己的孙子”，这句话全面概括了母亲。教师补充说“母亲尽管走远一点儿就觉得累，但体谅到儿子的一片孝心”照应了“很理解儿子的心意”；另一个学生说“因为母亲知道了孙子要走小路的原因”，照应了“很疼爱自己的孙子”。这是文章内容的分析，不是语言文字的训练。教师问：“怎样读才能表现出这个转变的过程呢？”学生认为读“还是”两个字要带点拖音，读成“还——是——走小路吧。”这是本课语言分析的亮点。

分析到作者，教师问：“你为什么最喜欢作者？”学生回答：“他很孝敬母亲”“伴同母亲的时日短”，充分说明这些问题即使教师不问，学生也知道。让学生读了一段话之后，教师问：“哪几个字应重读？”学生说“太”“总算”和“又”，这是本课语言分析的又一个亮点。

分析到小孩，学生说：“这个小孩没有坚持非走小路不可，他听从了爸爸的话，是个懂事的小孩”“很聪明”，可见这一段的分析没有什么必要，教师做了无用功。

分析到妻子，学生年龄小，对夫妻之间的关系没有什么了解，所以教师进行了讲解：“妻子在外观上是很尊重丈夫的。但是回家就不同了。在家里夫妻之间完全可以互相批评。这叫内外有别嘛！妻子没说一句话，那是因为她在等待丈夫的决定。”对于学生来说，这可以说是新的信息，教师采取自己讲的办法，恰到好处，这可不是无用功。

总的说来，这一课，教师给了学生一个新的信息，两个语言分析的亮点，还有学生的朗读。朗读课文，即使朗读全文，也只需要四分钟；说两个亮点，顶多一分钟。而最后教师给学生一个新的信息，也就两分钟。四十分钟的时间，有用功最多不到十分钟，80% 的时间全被无用功占据了。

那 80% 的时间如果都用来进行语言文字训练，该多好。

中国的中小学，不仅教学大纲、课程标准里没有汉语课，到了语文课的课堂上也几乎没有汉语课。如果设立汉语课，这汉语课该怎么上呢？

三、《散步》的课堂“虚录”

前面有课堂实录，因为那样的课堂记录是实实在在有过的课堂流程的记录，即使是教师没有那样上课，课堂流程是创作出来的，也能反映课堂的真实流程。我这里的课堂流程也是创作的，但这是虚拟的课堂情况，所以谓之曰“课堂虚录”。

假设有了《汉语》教材，假设《汉语》教材采取文选式，又假设初中第一册（或者第十三册）开头选取了莫怀戚的《散步》，还假设未来的《汉语课程标准》允许这样做，教师便依照教材上课，只用一课时，就会产生下面的课堂虚录。

师：今天学习《散步》的字词句。请同学们先默读一遍课文，用铅笔把生字难词和你认为特别的句子都画出来。

（学生默读）

师：现在，齐读课文，注意记住生字难词在什么地方，一会儿学习的时候不用费劲去找。预备，读！

（学生齐读）

师：《散步》很好地表现了家人之间的互相关爱。现在，你们在练习本上写上“（一）汉字”。你们是不是画出了“熬”“蹲”“霎”“粼”“塘”这几个字？（幻灯“熬”“蹲”“霎”“粼”“塘”）有补充吗？

生：还有“桑树”的“桑”，“很累”的“累”，“很瘦”的“瘦”。

师：“瘦”也是难字吗？

生：怕把偏旁写成“广”。

师：现在，大家把屏幕上的字抄在练习本上，每个字写三次，用脑子记住，准备听写。（教师在幻灯片上写“桑”“累”“瘦”）

（学生写字）

师： 现在听写，“很累”的“累”，在田里系上带子拉犁，很累。“很瘦”的“瘦”，太瘦容易得病。“桑树”的“桑”，“桑”是树木，下面是“木”。“鱼塘”的“塘”，池塘都开在土地上。“蹲下来”的“蹲”，蹲的时候腿子要打弯。“熬过了一个严冬”的“熬”，像用火煎熬一样。“霎时”的“霎”，“雨”字头，天气霎时就会变化。“水波粼粼”的“粼”，偏旁真像波浪。

（学生听写）

[《散步》里有几个难字，如“熬”“蹲”“霎”“粼”“塘”。它们是不是生字，无法断定，因为不了解小学学习的情况，所以只好都当作难字处理。这几个字，学生很可能把“熬”写成“敖”，把“蹲”写成“蹬”，把“塘”写成“唐”，而“霎”和“粼”则根本就不会写。]

师： 现在你们在练习本上写上“（二）词汇”。请大家听写词语：“委屈”“信服”“桑树”“鱼塘”“散步”“严冬”“分歧”“平顺”“嫩芽”“取决于”“拆散”“一霎时”“水波粼粼”“各得其所”。

（学生听写）

[课文里有一些词，如“严冬”“分歧”“平顺”“嫩芽”“拆散”“取决于”“一霎时”“水波粼粼”，整套课本只出现这一次，应该让学生学会书写。]

师： 好，现在大家练习本上写上“（三）造句”。请看第一个词“信服”的用法。【幻灯：（1）这是孟子的说法，但我不大信服。（2）他分析得头头是道，令人信服。（3）他信服地点点头。（4）你得给出一个令人信服的理由。】（1）和（2）的“信服”表示心理动作，用在表示人的名称后面，也常常在“令人”后面；（3）的“信服”在“地”前面说明“点点头”；（4）的“信服”在“理由”的前面说明“理由”。现在，大家在练习本上仿造四个句子。

生：（1）“学而时习之”是孔子的说法，我很信服这种说法。

生：（2）医生关于节制饮食的话令人信服。

生：（3）他的一席话，使我十分信服地点点头。

生：（4）我用一种不信服的口气说他"吹牛"。

师：造得对。现在学习"分歧"这个词的用法。【幻灯：（1）在许多问题的看法上，王福林和冯实言两个人有分歧。（2）他们对好些事的看法也会发生分歧。（3）他与高焕章意见分歧很大，两人争执了一个礼拜。】发生分歧的总是不止一个人，至少两个人。"分歧"常常用在"有、发生、产生"的后面，用在"大"的前后。现在，大家在练习本上仿造这三个句子。

生：我跟他两个人，意见有分歧。

生：我们讨论了半天，意见发生了分歧，分歧还相当大。

生：我们产生了很大的意见分歧，分歧虽然大，可是我们还是心平气和。

师：好！下面用"委屈"造句。【幻灯：（1）你病了，还是在学校里受了委屈？（2）你要实在觉得委屈，就哭吧。（3）你有委屈别闷在心里呀！（4）让你降级使用，我就委屈你了。（5）他神态很委屈地说："你不必安慰我。"】"委屈"是个常用词，用法比较复杂，常常用在"受""觉得""有"的后头，"委屈"后面可以出现表示人的词，像（4）的"你"。"委屈"可以用在"地"的前面。大家仿造这五个句子，写在练习本上。

生：你怎么哭了？大概受了委屈吧。

生：他无缘无故说了我一顿，我觉得委屈。

生：我心里没有委屈，因为老师批评错了。

生：我们委屈谁也不能委屈妈妈。

生：王冰冰委屈地掉了眼泪。

[有些词的用法比较复杂，如"信服""分歧""委屈"，必须举例，简单说明它们的主要用法，让学生仿造句子。]

师：大家说得很好。现在在练习本上写上"（四）句子"。课文里有这样的句子【幻灯："今年的春天来得太迟，太迟了"，造句："……得太……，太……了"】，大家用"……得太……，太……了"造句，也写在练习本上。重复表示强调。

生： 天气真冷，今年的冬天来得太早了，太早了。

生： 人家没有误会你，你想得太多了，太多了。

生： 爸爸常常深夜才回家，他太辛苦了，太辛苦了。

师： 第二个句子。【幻灯："大块小块的新绿随意地铺着，有的浓，有的淡"，造句："……，有的……，有的……"】按照"……，有的……，有的……"的格式造句，两个"有的"后面要写意义相反的词，还是写在练习本上。

生： 果子还没有完全成熟，有的大，有的小。

生： 正是春暖花开的时候，大家穿的衣服，有的厚，有的薄。

生： 同学们在校园里很快乐，有的跑，有的跳。

师： 句子是通顺的，可是"跑"和"跳"是意义相反的词吗？

生： 不是，我改成"同学们在校园里跑，有的快，有的慢。"

师： 对！再看一个句子，【幻灯："前面也是妈妈和儿子，后面也是妈妈和儿子"，造句："……也是……，……也是……"】可以用两个"也"，语气加重；也可以只用后面的"也"。大家都写两个句子，一句用两个"也"，一句只用一个"也"，其他词语可以相同。比较一下，用一个和用两个有什么不同。

生： "我们家前面也是树，后面也是树。""我们家前面是树，后面也是树。"用两个"也"更肯定。

生： "马路上左边也有汽车，右边也有汽车。""马路上左边有汽车，右边也有汽车。"两个"也"强调两边都有。

[一些句式有表现力，可以让学生仿造句子。]

师： 现在，把这节课练习的字词句都复习一遍，用脑子记住，一定不要忘记。

（学生复习）

师： 今天的家庭作业是，把刚才复习的再复习一遍，准备下一次课听写字词和连词造句。下课。

第三节
变无用分析为有效点拨

如果未来能够实行分科教学，把语文课分为汉语、阅读和作文三科，如果《阅读》课本也是文选汇编，我希望阅读课能够变无用分析为有用点拨，课文的内容应该由学生自己去理解。为什么？

一、文本内容的确定性和不确定性

语文课本多采取文选式。选取的文本，内容既有确定性，也有不确定性，各人的理解有共同点，但是又不同。

第一，文本的内容有确定性。

作者在写文章的时候，总是有自己的立意，总要通过自己的作品表达什么思想，说明什么问题。作者所处的环境，作者的世界观，决定了作者的思想倾向，决定了作品的价值取向。这样一来，作品的内容就有了确定性。朱自清的《春》，写的就是春天的景象，绝不会是秋天的景象；郁达夫《故都的秋》，写的是对秋天的感触，绝不是对春天的感触。阿累的《一面》写鲁迅关怀青年的事迹，就绝不是写父亲关怀儿子；朱自清的《背影》写父亲关怀儿子，就绝不是写鲁迅关怀青年。

文本内容的确定性，决定了课本编辑人员选择课文、解释课文的大方向，决定了语文教学当中阅读课教学的大方向，也决定了学生理解的大方向。现在提倡个性化的阅读，这无疑是对的，但是个性化理解不等于可以随意理解，不等于爱怎么评说就怎么评说。一般情况下，读者只能在具有确定性的作品内容的范围之内进行理解，而不能在确定性的范围之外去理解。例如《斑羚飞渡》是一篇动物寓言，通过虚构动物在灾难面前的行为，启发人类思考面对灾难应该如何行动。这是作品内容的确定性。如果离开了作者的本意，理解为老年斑羚具有为种群的生存而自我牺牲的精神，进而批判人类面临灾难时不顾群体而只想保存自己的私念，这样的理解就违背了作品内容的确定性。个性化阅读绝不能这样离开作品内容，进行漫无边际的理解和评论。

理解作品的确定性的内容，这是阅读中的共性，个性化阅读是不能离开共性的。

第二，文本的内容有不确定性。

文本内容既有确定性，也有不确定性，二者对立统一。文本内容的不确定性，决定了文本内容主要由学生自己去理解，教师不能代替学生的理解，也决定了教师的分析往往是没有用的。

课文内容的不确定性是由许多因素决定的。

一个因素是语言的模糊性。语言里的每一个词，都只能概括地反映客观事物，表示事物的本质特征或者主要特征，舍弃非本质特征或者次要特征，所以词义都是抽象的、概括的。而客观事物千差万别，丰富多彩，词义不能完全反映客观事物千差万别的情况，而且千差万别的情况很难有一个明确的边界，词语就会产生模糊性。随便举几个例子。

（1）我冒了严寒，回到相隔二千余里，别了二十余年的故乡去。（鲁迅《故乡》）

寒冷到什么地步才叫作“严寒”？零下八度还是零下二十度？什么叫作“冒”严寒？光着膀子到户外叫作“冒”严寒，穿着甲衣到户外也叫作“冒”严寒，穿着棉袄到户外还是叫作“冒”严寒。至于“二千余里”和“二十余年”，有了“余”，两个短语表示的数目本身就是模糊的。

（2）干干净净的蓝天上，偷偷溜来一团乌云，风推着它爬上山头。

（高风《金黄的大斗笠》）

“干净”到什么程度才叫作“干干净净”？百分之百的蓝天，没有一丝云彩，当然是“干干净净”；略有几丝云彩在天边，是不是也算是“干干净净”？百分之百干净的蓝天上有一群飞鸟，还是不是“干干净净”？“偷偷”本来是人的动作，“乌云”怎么个“偷偷”？多大的乌云才是“一团”？“爬”是什么样的状况？意思都模模糊糊。

语言的模糊性，决定了教师根本讲不清楚，谁能够说清什么是“严寒”？什么是“干干净净”？这只能由学生自己去体会。

一个因素是思维的模糊性。

如果用严格的逻辑思维去审查，文学作品都有违背逻辑的地方。但是在形象思维当中，却不算逻辑错误。这是因为人们的形象思维具有模糊性，能够容纳不合逻辑的说法，所以作者、读者往往不计较模糊的描写，不纠缠模糊的语句。

高晓声《摆渡》里面有这么一段描写：

摆渡人说：“你们每一个人，谁把自己最宝贵的东西分一点给我，我就摆；谁不给，我就不摆。”

有钱人给了点钱，上了船。

大力士举举拳头说：“你吃得消这个吗？”也上了船。

有权的人说：“你摆我过河以后，就别干这苦活了，跟我去做一点干净省力的事儿吧。”摆渡人听了高兴，扶他上了船。

这显然是违背逻辑的。什么是“最宝贵的东西”？大力士最宝贵的东西就是“拳头”吗？如果说“生命”是大力士最宝贵的东西就错了吗？“钱”就是有钱人最宝贵的东西吗？难道“亲情”就不可能是有钱人最宝贵的东西？有权的人，最宝贵的东西是什么？也不一定就是“权”吧？形式逻辑会认为这些都犯了“以偏概全”的逻辑错误。此外，“分一点给我”也成问题，“分”什么？可以分一点钱，但是不能分一点拳头，不能分一点权。所以“分一点给我”概括不了“分”的对象，也不合逻辑。但是，在模糊的形象思维当中，这些说法畅行无阻。

模糊的说法合在一起，互相照应，反倒有一定程度的清晰性。例如“有钱人”“大力士”“有权的人”放在一起，互相映衬，互相补充，会使人感到“钱”“拳头”“权”分别是他们最宝贵的东西。这正是需要学生自己去体会的地方，学生需要把一些模糊的说法放在一起而得到相对清晰的理解，这是教师不能代劳的。

一个因素是内涵的模糊性。

文本的内涵非常多。这里借用数码相机作比方。现在大众使用的数码相机，像素有五百万的，也有八百万的，一个一个的像素合在一起，就能够显示出五彩缤纷的图像。课文以文学作品为主，而文学作品里面有丰富的意象，这些意象是由许许多多的意象要素（“象素”）组成的，跟数码相机有几百万像素一样。例如我们读到高风的《金黄的大斗笠》：

干干净净的蓝天上，偷偷溜来一团乌云，风推着它爬上山头。山这边，梯田里的庄稼像绿海里卷来的一道道浪头。一个浑身只有一条短裤的男孩子，挥着一根树枝，树枝挂满绿叶，歌谣般亲切、柔和。他看管着一头雪白的小山羊，小山羊在田埂上悠闲地啃着青草。

这里有许许多多的意象，如乌云爬过山头、梯田里的庄稼、绿海里卷来的一道道浪头、树枝挂满绿叶……这些意象是由许许多多的“象素”构成的，如“风推着它爬上山头”里面的“象素”至少是“比较大的风，风有力量，风的力量吹动乌云，乌云可以被吹动，乌云由低向高，乌云上了山头”等。可见文本里的意象、“象素”都非常丰富。不言而喻，这些意象、“象素”都是模糊的。

在作品当中，作者究竟是把哪些意象组合在一起，是由作者的立意决定的，所以作者总是有自己的写作意图和主题思想。但是，这些意象还可能进行另外的组合，于是作品还可能表现另外的主题思想。这样一来，作品的主题思想就产生了多义性、模糊性。

这里以莫泊桑的《项链》为例。如果把路瓦栽夫人拮据的意象、借项链的意象和在晚会上出风头的意象联系在一起，则可能产生爱慕虚荣会受到惩罚的主题；如果把偶然失去项链的意象和后来的困苦生活的意象联系在一起，则会产生一件小事可能改变人生旅程的主题；如果把路瓦栽夫人为了赔偿项链而过了十年艰苦生活的意象和发现那是假项链的意象联系在一起，则可能产生粗心大意会造成很糟糕的结果的主题，等等。于是，内涵的丰富便造成了作品主题思想的模糊。“一千个人有一千个哈姆雷特”，根源就在这里。

把什么意象、“象素”联系在一起，必须由学生自己去完成，教师不应该包办代替。

一个因素是感情的模糊性。

每一种感情都是模糊的。比如说家人之间的爱，爱到什么程度？这程度就是模糊的。高风《金黄的大斗笠》里的姐弟之爱，莫怀戚《散步》里的母子、祖孙之爱，朱自清《背影》里的父子之爱，舒婷《我儿子一家》里的母子之爱等，程度都一样吗？进行一下程度的比较，就成了一件说不清、道不明的事。

各种感情之间的界限也是模糊的。高兴、喜欢和爱的界限，讨厌、厌恶和恨的界限，轻视、蔑视、仇视之间的界限，都是不明确的。鲁迅《从百草园到三味书屋》里的鲁迅对百草园是喜欢还是爱？都德《最后一课》里的小弗郎士对普鲁士士兵是厌恶还是仇恨？魏巍《我的老师》里的蔡芸芝老师是喜欢学生还是热爱学生？这些是谁也说不清楚的，也只能由学生自己去体会。

教师进行作品分析，把这些模糊的感情当作确定的感情，无非是把自己的体会教给学生。教师不应该去进行没完没了的分析，只能对作品进行点拨。

二、点拨的主要任务

我们进行语文教学改革，千万不要犯“五四”时期否定好传统的错误，应该吸收“五四”以来语文教学的好经验、好传统，点拨就是好经验、好传统，许多教师都会点拨。点拨，就是要引导学生了解文本内容的确定性，引导学生在文本的模糊性当中自己去收获自己的阅读所得。过去，教师在点拨当中做了些什么呢？

第一，介绍时代背景和作者思想。

任何一部作品或者一篇文章，都是过去的作品。即使是当代文学作品，表示的也必定是“过去进行时”。过去的生活有许许多多跟现在的生活不同的地方，在作品当中往往有反映。如果不是贴近学生生活的时代，离开学生生活稍稍远一点，教师就得介绍作品产生的时代背景，让学生通过时光隧道回到过去。例如鲁迅《阿长与〈山海经〉》、阿累《一面》、都德的《最后一课》，都有复杂的社会背景，需要教师介绍。作者思想不同，在文章当中也有反映；所以要想理解作品，就必须联系作者的思想进行分析。过去，教师们有介绍时代背景的传统。

第二，讲解学生不懂的知识，帮助理解。

我们反对无用的课文分析，不等于说整节课都是做无用功，必要知识的讲解就不是无用功。现在反对“满堂灌”，否定教师一讲到底，也不等于反对教师的任何讲解，该讲的时候，教师一定要讲清楚。课文当中有许许多多的知识，例如高风《金黄的大斗笠》里的“斗笠”是个什么东西，朱自清《背影》里的“茶房”是什么人，舒婷《我儿子一家》里的“手拉板车”是什么样，鲁迅《从百草园到三味书屋》里的“书塾”是怎么回事，都德《最后一课》里的“法兰西万岁”为什么是两个字而不是五个字，这些学生不熟悉或者不懂的知识，需要教师讲解。讲解必要的知识，也属于点拨。广大的教师有十分成熟的解释课文词语的经验，做这样的事情是不难的。

第三，进行关键性的提问，启发学生。

提问是一种非常重要的点拨方式。问题不在多，最好能够点中要害，围绕主题或者靠近主题。例如讲鲁迅的《孔乙己》，可以提出这样的问题：

（1）孔乙己有着什么样的身份？

（2）人们对孔乙己有着什么样的态度？

（3）人们对孔乙己的态度说明什么样的问题？

学生对这样的问题进行思考，思考的结果可能靠近鲁迅写作的本意：表达对于弱者的同情，同时揭示人间的冷漠。《孔乙己》的主题本来就有多义性，如果学生的回答跟作者的本意不同，如认为小说是在批评孔乙己的迂腐，批判旧教育对人们的毒害，人们对孔乙己的态度说明人们对旧教育的反感……这没有关系，教师不必把学生引导到自己的目标，学生在长期的学习中，在成长的过程中，会逐渐加深理解。

提问是教师的拿手好戏，用得好，可以起到很好的作用。

第四，进行必要的讨论。

现在课堂进行的讨论，是一种很好的阅读方式，学生可以合作探讨，互相启发。我们反对的不是讨论本身，而是形式主义的“满堂论”。学生有时候会产生争论，如果是能够开动学生脑筋的有益的争论，教师可以进行引导甚至“煽动”；如果发现是没有益处的争论，例如争论一个词是动词还是名词，一个句子是单句还是复句，就没有意义，教师可以让争论停下来。

最近这些年，课堂里讨论很热闹，组织讨论的经验要好好总结，阅读课里大有用武之地。

第五，介绍必要的资料。

必要的资料可以帮助学生理解，可以使学生的脑子活动起来。

一种资料是人们对作品的评论、分析。例如人们对王愿坚《七根火柴》的分析：

“草地的气候就是奇怪，明明是月朗星稀的好天气，忽然一阵冷风吹来，浓云像从平地上冒出来似的，霎时把天遮得严严的，接着，暴雨夹杂着栗子般大的冰雹，不分点地倾泻下来。”开门见山地点明“奇怪”，指出了那种气候的性质。“忽然一阵冷风吹来”表现冷风来得急速突然。“倾泻”一词用得很好，表现突然来的暴雨和冰雹是那样多、那样急。这一段话，写出了草地奇怪的气候，烘托了一种非常需要火的环境。

这种资料不宜太多，太多了等于“满堂灌”。

一种资料是不同的意见。如鲁迅的《从百草园到三味书屋》，有人认为百草园趣闻丛生，三味书屋的生活呆板枯燥，没有百草园的乐趣。另一种意见是三味书屋的生活并不那么呆板枯燥，学生可以到小园子里爬上花坛去折腊梅花，在桂树上寻蝉蜕，捉了苍蝇喂蚂蚁。而百草园也不一定全好，里面有赤练蛇，还有“美女蛇”的威胁。

选择表示不同意见的资料，最好能够围绕主题，不是什么不同意见都值得学生参考。

第六，营造气氛，发挥文章的感染力量。

课文朗读可以很好地营造气氛，现在的多媒体可以更好地营造气氛，用得恰当，同样可以起到点拨的作用。

上面说到的各种各样的点拨方法，是我们进行语文教学回归性改革时必须继承和发扬的，再也不能否定一切了。

第四节
阅读课的“实录”和“虚录”

阅读课该怎么上？我们先对比一下学校的语文课产生以前私塾里的阅读课和语文课产生以后学校里的阅读课，再展望一下未来的阅读课，说明未来的阅读课该怎么进行。

一、私塾里的阅读课《左传》“实录”

私塾里的阅读课当然没有课堂实录，这里的《左传》的课堂“实录”（约15分钟），是我根据当时听到的情况，凭记忆模拟出来的。有时候，我坐在塾师的旁边，能够听到塾师讲课的情况。

师：背昨天上的书。（六个学生背书，一个学生背得不熟，挨了板子）

师：跟着我读下一段。“十年春，齐师伐我……”（学生跟读“十年春，齐师伐我……”）

师：“十年春，齐师伐我”，“十年”是鲁庄公十年。齐国的军队要攻打“我”鲁国。“公将战”，就是鲁庄公要打这一仗。“曹刿请见。其乡人曰：‘肉食者谋之，又何间焉？’”“其乡人”，曹刿的同乡。“肉食者”，大官们。“间”，参与。曹刿的同乡劝曹刿不要参与。“刿曰：‘肉食者鄙，未能远谋。’乃入见。”“鄙”，目光短浅。曹刿问鲁庄公：“‘何以战？’”怎么打这一仗？鲁庄公“曰：‘衣食所安，弗敢专也，必以分人。’”“所安”，用来安生的。“专”，独自占有。曹刿回答：“小惠未徧，民弗从也。”“徧”就是遍及。“公曰：‘牺牲玉帛也，弗敢加也，必以信。’”“牺牲”，祭祀用的猪、牛、羊。“加”，谎报，以少报多。“信”，用诚信对待神。曹刿“对曰：‘小信未孚，神弗福也。’”“孚”，信服。“公曰：‘小大之狱，虽不能察，必以情。’”“狱”，案件。“必以情”，必定按实情处理。“对曰：‘忠之属也。可以一战。战则请从。’”“忠”，本分，就是做好本分的事。“从”，跟从。

“公与之乘。战于长勺。”“长勺”，鲁国地名。“公将鼓之。刿曰：‘未可。’齐人三鼓。”“鼓”，击鼓进军。“刿曰：‘可矣。’齐师败绩。”“败绩”，大败。“公将驰之。刿曰：‘未可。’下视其辙，登轼而望之，曰：‘可矣。’遂逐齐师。”“驰”，驱车追赶。“辙”，车轮印。登上车子，“轼而望之”，就是手扶着车前横木“轼”而望远处。

“既克，公问其故。对曰：‘夫战，勇气也。一鼓作气，再而衰，三而竭。彼竭我盈，故克之。’”“既”，已经。“夫战，勇气也”，作战靠的是勇气。“竭”，衰竭。“夫大国，难测也，惧有伏焉。吾视其辙乱，望其旗靡，故逐之。”“伏”，埋伏。“靡”，倒下。

师：都懂了没有？（学生回答：“懂了”）那好，上位，背熟。

这样的阅读教学，教师只解释词语，不进行课文分析，完全让学生通过熟读背诵去理解课文，在熟读背诵中进行整体把握，领悟文章的思想内容和写作技巧。这是中国古代语文教学的重要经验。学生开始只见树木，不见森林；背诵之后，既见树木，也见森林。当然，这样做，是太过火了，造成了只读书、完全不进行理解的缺陷，是一个极端。这个缺陷，被语文教学的改革派抓住，全盘否定了中国古代语文教学的重要经验，走向了另一个极端，只讲理解而不读书的极端。

二、学校里的《背影》课堂实录

这是2005年网络上发表的课堂实录（一课时）。

师：请同学们大声、自由朗读课文，思考：文章一共提及了几次背影？我们一起说，几次？

生：四次。

师：好，我们请一位同学说说看哪四次？

生：第一次，开头第一段“我与父亲不相见已二年余了，我最不能忘记的是他的背影。”

第二次，63 页，“……这时我看见他的背影……”

第三次，“等他的背影混入来来往往的人里……”

第四次，“在晶莹的泪光中，又看见那肥胖的、青布棉袍黑布马褂的背影。”

师：好，那我们理一下，用几个字概括一下来说呢？第一次是________的背影，第二次是……

（板书：第一次回忆背影　第二次看到背影　第三次目送背影　第四次回忆背影）

师：第一次回忆，开篇提出“我与父亲不相见已二年余了，我最不能忘记的是他的背影”，这有什么作用？

生：点题。

生：给人以悬念。

师：对，不错。开篇提出来，这是在点题，那么，我们看结尾呢？

生：依然在谈背影，这是首尾呼应。

师：好的，那么贯穿其中的呢？

生：也是背影。

师：这叫什么？（在板书中把“背影”画了一个弧）

生：以“背影”为线索。

师：好，那我们先不急看文章，我们来感受一下，朱自清作为散文大家，他的文章的结构有什么值得我们借鉴的呢？

生：开篇点题，结尾呼应，全篇以“背影”为线索，文章思路清晰。

师：对的，每一篇文章都是一个例子，我们除了学习文章的思想、情感，也要在文章中学习写作的技巧、思路。

师：那么这篇文章的主题是——

生：父爱。

师：好，我们课文中详写的是哪一次背影？

生：第二次。

师：那我们一起来读读看，好吧？从哪开始读？

生：从“我看见……”一直到“这时我看见了他的背影”。

师：好，我们同学酝酿一下，读读看？（生读文章）

师：感觉怎么样？

（学生们目光默然，教师打开了第三张幻灯：

我看见他戴着小帽，穿着大马褂，深青棉袍，走到铁道边，慢慢探身下去，尚不大难。可是他穿过铁道，要爬上那边月台，就不容易了。他攀着上面，再向上缩；他身子微倾，显出努力的样子……）

师：请大家把这段也读读看，比较一下，讨论删掉后补充的一些词语的含义与作用。

（学生展开讨论）

师：加上两个“黑”字，你们看有什么效果或不同？

生：两个“黑”字，说明父亲有孝在身。

师：对，父亲奔丧回家的目的是为了料理丧事，而黑色给人一种悲凉与沉重之感，他的内心承受着双重的压力，丧事、赋闲。那么，我们继续看，“蹒跚”与“肥胖”说明什么？

（生迟疑）

师：“蹒跚”什么意思？

生：蹒跚是因为腿脚不灵便，走路缓慢摇摆的样子。

师：这说明什么？

生：说明父亲已经年迈与行动不便了。

师：那么，他用“两手”攀着上面，“两脚”再向上缩，我们联想一下这个画面？

生：一个年迈的老人，心中承受着巨大的压力，但为了孩子，摇摇摆摆地走到月台，双手攀着，两脚向上缩，左手使劲地支撑着身子，然后右手用力翻过去，这是一幅多么感人的画面。

师：是的。同学们想一想，假如今天买橘子的是你的父亲，你爸爸让你在车门口等，他去买橘子，这正不正常？

生：正常。

师：对，因为你们小，只有十三四岁；你们的父亲爬过去，费不费劲？

生：不费劲。

师：为什么？

生：因为年轻力壮。

师：对！如果这件事情发生在你们身上不会显得那么感人，因为你们小，父母本应该爱护你们；而朱自清当年20岁了，父亲是如此年迈，但仍然煞费苦心，这是一种强大的爱在支撑着。

师：所以，在这个时候作者怎么样了？

生：“我的泪很快地流下来了。”

师：哭了。我们大家迅速地找找，文章中一共出现过几次流泪？

生：四次。

生：“看见满院狼藉…不禁簌簌地流下眼泪”“我的泪很快流下来了”“我的泪又来了”“在晶莹的泪光中”。

师：好，我们来比一比，这第一次流泪与第二次流泪有何不同？“簌簌”是什么意思？

生：纷纷的样子。

师：说明什么？

生：说明很多。

师：那为什么会很多呢？

生：因为伤心。

师：对，第一次是伤心之泪。家中祸不单行的遭遇，回家又见到满院狼藉的情景，自然眼泪簌簌而下，这是多；而“我的泪很快地流下来了”这一次呢？为什么很快？

生： 因为，我看到背影这一幕一下子震颤了我，我领悟到了父亲的这份爱，于是“泪很快地流下来了”。

师： 我的流泪说明我已经体会到了，是的。老师曾经讲过爱的双向性，我们在《老王》这篇课文里讲到杨绛对老王的关心，我们说，假如杨绛关心老王，但老王从来没有理解过这样一份关心，也没有在临死前送上香油、鸡蛋以知恩图报，那么，我们说杨绛对老王这份关爱，其本身是苍白的。同样，在座各位的父母都深爱着你们，但如果你们当中谁却说没有过哪怕一丝感恩的心态，那么这样一种爱本身也是无力的。那么，我们来看看朱自清，他的父亲对其如此挚爱，那么，他领会到了吗？他有反向地爱过父亲吗？大家在文章里挖掘看看。

生： 有，我发现了。当父亲抱着橘子走到这边时，“我赶紧去搀他”这个“搀”字真实表现了“我”的感念之情。

生： 还有，“我现在想想，那时真是太聪明了！”反语的运用，表明我的难过、悔恨。

生： 最后，“在晶莹的泪光中，又看见那肥胖的、青布棉袍黑布马褂的背影”说明“我”一直铭记着他的“背影”。

师： 对，我们说，作者是不是看到了父亲的背影随后就写了这篇文章？

生： 不是。

师： 对，他是过了好些年，自己都已有了孩子，才写的这样一篇文章，而他在描写看到父亲背影那一幕时却表现得逼真，仿佛就在眼前，关键动词的运用无不反映“我”对这件事是铭记于心的。因为这是父亲，这是背影，这是爱的诠释。好，朱自清的《春》表达的是朱自清对春的期盼和喜爱之情，语言优美、生动，那大家认为，本篇文章语言又如何呢？

生： 我认为他的语言很平实，没有运用什么华丽的辞藻写父亲。

生： 感情流露得很自然，也很贴切。

师： 对，同一个作家在表现不同事物时的语言风格是不一样的，对春是一种赞美，所以语言富丽，优美，而《背影》更多是在真情中体味一位父亲，语言更加朴实。同样的，父亲买橘子所表现的对孩子的爱，也用不着用“伟大”“无私”等词语来形容，这样一种父爱的表达，本身也是非常自然、真实的。好，这是朱自清先生的著名的散文作品，我们说了，课文是一个例子，我们要在例子中学会除了思想、情感外，更多的东西。来，大家总结总结，看看这篇文章的学习对我们今后在写作上有什么值得借鉴之处？各抒己见。

生：首先从结构上来看，我学到开篇要点题，结尾要呼应开头总结全文，而中间部分要结构清晰，最好是有一条线索贯穿，而不是东扯西拉。就像老师说的要“神不散”。

生：在这篇文章中，我学到了在文章的选材上，应该注意观察生活，从小事入手，抓住细节。

师：哦，说得好！对，本文的“背影”截取了生活中的一个微小的场景来表现，但却真实，富有真情。继续。

生：我在这篇文章中，学到了描写的细致，比如在表现父亲买橘子的背影时关键动词的运用就很好，值得借鉴。

师：啊，同学们的发现力、感悟力都很强，很好！还有吗？

生：还有他语言朴素、平实。

师：好的！同学们说得都不错，那么，我们来做个总结：（1）结构上，条理清晰，前后呼应，线索贯穿明朗；（2）内容上，选材精当，抓住了生活的细节；（3）语言上，平实、朴素但感情真挚，在关键的动词运用上，准确、细致。

师：另外，这篇文章中环境、背景的烘托和渲染也很值得我们重视和借鉴。你们看，这篇文章在开头写家道衰落、丧事和父亲赋闲、借钱办了丧事等背景事件，为文章定下了一个什么样的感情基调？

生：悲凉。

师：对，悲凉。这样一种悲凉的感情基调为文章笼上了一层特别的情怀；设想，如果我是回来举行婚礼的，父亲再送我们，我看到背影，或许在那种心境下，我就读不懂那样一份真实的爱了。

师：好，今天的课就先上到这里，希望同学再细细地品读课文，把描写看到背影的那一段话好好背背，下课。

这个课堂实录的前面还有介绍时代背景的部分，不长，略去了。这里录用的是分析部分。跟一般的课堂实录一样，分析总是占据80%以上的时间。

分析可以分为四个部分。从“请同学们大声、自由朗读课文”开始是第一部分，由讨论见到背影的次数，引导到开篇点题、结尾呼应、全篇以“背影”为线索的写作特点。第二部分从“那么这篇文章的主题是？”到“这是一种强大的爱在支撑着”，重点分析最令人感动的一段描写，表现了父亲对儿子的爱。第三部分从“所以，在这个时候作者怎么样了？”到“因为这是父亲，这是背影，这是爱的诠释”，描写儿子的感动，体现了儿子对父亲的爱。第四部分从“本篇文章语言又如何呢？”到最后，简短地分析了语言特点，分析了细致的描写和悲凉的感情基调。

可以看出，这样的分析基本上是无用功。问学生“文章一共提及了几次背影”，学生数一数就知道，教师完全可以不问。分析父亲爱儿子，问两个“黑”字的作用，问“蹒跚”是什么意思，学生能够回答，说明学生知道，教师不用讲。在分析儿子对父亲的爱时，问“文章中一共出现过几次流泪”，同样是数数，没有什么意义，“簌簌”的意思，学生也能够回答。最后分析语言和细致的描写，学生讲得很好。可见这样的分析是不必进行的。

整节课在理解上下功夫，走到了极端。跟私塾里只读书，完全不进行理解相比较，这是另一个极端。

三、《背影》的课堂“虚录”

未来的阅读教学，首先要吸收私塾的好传统，要让学生一遍又一遍读书；同时要吸收学校的好传统，让学生进行适当理解。对“五四”以前和“五四”以后的做法，千万不能肯定一切，也不能否定一切，而应该吸收好的做法，舍弃不好的做法。

这里的《背影》的课堂教学（一课时），因为还没有实际发生，不是课堂实录，是虚拟的，只能说是“虚录”。

师：今天我们学习朱自清的《背影》，同学们首先默读一次，想一想这篇文章主要写的是什么。字词的解释，注解上都有，仔细看一看。如果还有不懂的，请大家提出来。

（学生默读）

师：默读完了。我们再听读一次。

（五个学生分段朗读，全体学生听读）

师：我们看看这篇文章的作者和时代背景。【幻灯：朱自清（1898—1948），现代著名学者、诗人、散文家、民主战士，清华大学教授。1928年出版散文集《背影》。后赴欧洲进修和游历，1932年7月回国后写成《欧游杂记》。抗日战争胜利后，积极支持昆明学生反对国民党发动内战。1948年6月18日，他身患重病，仍签名《抗议美国扶日政策并拒绝领取美援面粉宣言》，并嘱告家人不买配售面粉。8月12日病逝于北平。朱自清一生勤奋，共有诗歌、散文、评论、学术研究著作26种，约二百多万字。】我们齐读课文。在齐读中，想一想，最使你感动的是哪一段。

（学生齐读）

师：哪一段最使你感动？

生1：买橘子的那一段。

师：你读读那一段。

生1：朗读“走到那边月台，须穿过铁道，须跳下去又爬上去。父亲是一个胖子，走过去自然要费事些；我本来要去的，他不肯，只好让他去。我看见他戴着黑布小帽，穿着黑布大马褂，深青布棉袍，蹒跚地走到铁道边，慢慢探身下去，尚不大难。可是他穿过铁道，要爬上那边月台，就不容易了。他用两手攀着上面，两脚再向上缩；他肥胖的身子向左微倾，显出努力的样子，这时我看见他的背影，我的泪很快地流下来了。我赶紧拭干了泪。怕他看见，也怕别人看见。我再向外看时，他已抱了朱红的橘子往回走了。过铁道时，他先将橘子散放在地上，自己慢慢爬下，再抱起橘子走。”

师：这是最令人感动的一段。我们把它背下来。我估计你们五分钟就能够背会。开始！

（学生背诵，教师检查背诵）

师：你读了这篇文章，你感觉整篇文章表达了什么意思？

生2：表达了父亲对儿子的爱。不仅坚持要送儿子，而且给朱自清拣定了靠车门的一张椅子，将紫毛大衣铺好座位，还要爬过月台去买橘子，对儿子照顾得太周到了。

生3：是表达父亲对儿子的爱，儿子也深受感动。朱自清四次流泪，父亲回到这边时，朱自清赶紧去搀他，说明他也爱父亲。

生4：父亲对儿子爱是爱，可这是溺爱。如果朱自清是十来岁，父亲去买橘子，可以理解。朱自清都二十了，年老的父亲却爬过铁道买橘子，这不是溺爱是什么？

生2：老人一心只想到为儿子做点事，怎么能说是溺爱呢？

生4：朱自清也不对，老人家至少五十多岁了吧，朱自清该伺候老人了。明明看见“栅栏外有几个卖东西的等着顾客。走到那边月台，须穿过铁道”，干吗不拦住老人？可见朱自清不孝。

生5：我感觉这是父爱，可觉得说溺爱好像也有一点道理。老师，我该怎么看？

师：大家讨论很热烈。我看，我们还是多读几遍，慢慢就会看得比较准确。我们再听读一次。请大家把这段故事跟朱自清家庭的遭遇联系起来，体会一下这段故事是在什么样的环境中发生的。（播放音乐《二泉映月》，在音乐背景中播放课文朗读。课堂笼罩着凄凉的气氛，学生肃穆）

师：这是一篇很感人的文章，大家下去之后要多读几次。下课。

第五节
出手成章的秘诀

作文问题长期困扰语文教学和语文教师。学生写文章，弄虚作假，华而不实的问题十分突出，而且痼疾难愈。这个问题该怎么解决？

一、作文问题的症结

文章是什么？文章是人们对客观事物的主观认识的文字表达。首先，文章要反映客观世界；一切文章，归根到底都是客观世界的反映，不是正确的反映，就是错误的反映，完全不反映客观世界的文章是不存在的。其次，文章反映的客观世界带着强烈的主观色彩，完全没有主观色彩的文章也是不存在的。带着主观色彩的对客观世界的认识，是通过文字表达出来的，这就是文章。

明白了文章是人们对客观事物的主观认识的文字表达，就知道写文章有三个条件。

第一，要有作文的材料。

客观事物反映到头脑中来，就是作文材料。俗话说“巧妇难为无米炊”，要想做饭，必须要有米；要想写文章，必须要有材料。过去忽略了作文的材料问题，在学生无“米”下锅的时候，却偏偏硬逼着学生写文章。学生没有写文章的材料，只好胡编乱造。古代有一个笑话：一位秀才写文章，抓耳挠腮，写不出来。秀才娘子在旁边看着，说：“你写文章比我们女人生孩子还难吗？”秀才说：“女人生孩子是肚子里有孩子，我写不出文章，是肚子里没有文章。”“肚子里没有文章”的根源是脑子里没有足够的写文章的材料，所以，解决学生写文章的材料问题，是搞好作文教学的关键。

第二，对客观事物要有认识。

有了材料，对这个材料怎么看，就成了重要的问题。怎么看，就是主观认识，这决定了文章的意义和作用。比方说，鲁迅要写《阿长与〈山海经〉》，“阿长”的许许多多事情就是材料，如睡相是一个“大”字，常常同人们“嚓嚓喳喳”，规矩非常多，谋害隐鼠，买《山海经》等等。鲁迅怎么看呢？是讨厌还是佩服？鲁迅是由“不大佩服她”到“发生新的敬意”。主观认识越高，文章的意境就可能越高；主观看问题越透彻，分析问题就可能越透彻。

第三，要有思维能力和语言能力。

怎样根据自己的认识组织材料，以说明自己想要说明的问题，是进行归纳、进行演绎还是进行类比，是进行分类还是进行归类，这就是思维能力。发挥思维能力去组织好材料，才能写成文章；杂乱无章的材料堆积在一起是不能成为文章的。

有了有组织的材料，还需要用恰当的语言把有组织的材料表述出来，然后进行增补删改，修饰润色，文章便写成了。

这三个条件当中，第一个条件无疑是最基本的条件。没有作文材料，就谈不到主观认识，思维能力和语言能力都发挥不了作用。过去作文教学的误区是忽视了第一条件，总是在第二、第三条件上下功夫。例如提倡收集名言警句，提倡培养学生的思维能力，提倡锻炼学生书面表达的能力，培养踏踏实实的文风等，这些无疑都是对的，可惜唯独忽视了积累材料和熟悉材料。许多教师注意到了材料问题，让学生写观察日记，这是一条值得继承的好经验，不过，这只能获得少量材料，依然不能满足作文的要求。

私塾当中基本不存在作文问题。我小时候观察到，年纪大的学生，每天一篇文章，都是甩手就来。原因很清楚，书读得多，四书五经背得烂熟，材料不成问题；四书五经提供了认识，认识也不成问题。塾师出题或者学生自己命题以后，所费的工夫只是思考如何组织材料，如何表达。积累大量材料，并且熟悉材料，才能写好文章；“读书破万卷”，才能“下笔如有神”，这就是中国古代作文教学的好经验，这就是出口成章的秘诀。

二、教学生积累材料

作文材料有直接的和间接的两种。任何人脑子里直接的材料都是很少的，绝大部分都是间接的材料。这是因为任何人接触直接材料的时间有限，得到直接材料的数量很少，而接触间接材料的机会多，数量大。即使是作家，天天都要深入生活，观察生活，天天都写观察笔记，收集到的直接材料比一般人多，但是也很有限，而上学学习，读书看报，听广播，看电视，上互联网，跟人交谈，都可以接触间接的材料，接触的间接材料就远远比直接材料多。而且许多材料是不能直接接触的，例如“地球围绕太阳转”是通过天文观测进行推理而得出的结论；人类到现在为止，还没有能力进行直接的观察，谁也没有亲眼看见过地球围绕太阳转的景象。所以，教学生收集作文材料，应该以收集间接材料为主。可以教给学生一些收集材料的方法。

第一，写卡片。

把读到的某些材料记在卡片上，是一个好办法，例如记下趣闻轶事、寓言故事、至理名言等。卡片的上端可以做分类的标记，如“趣闻”“寓言”“格言”等，便于分类保存。卡片经久耐用，携带也比较方便，缺点是容量比较小。现在卡片比较难买，可以用比较厚的纸代替。

第二，做剪报。

自己家有报纸，可以每天读报，把自己感兴趣的文章剪下来，贴在底纸上。可以拆掉废旧杂志做底纸。底纸的上端可以写上分类标记，进行分类保存。剪报的优点是容量大，很长的文章都可以剪贴，甚至可以叠起来贴。缺点是不很耐用，翻看时要注意保护；携带也不很方便。

第三，写笔记。

在笔记本上记下自己感兴趣的事情，也是积累材料的一个方法。材料来源不限于报纸杂志，听广播、看电视也能得到材料。笔记本的容量比卡片大，携带也方便，就是分类比较困难。可以利用每页纸的边边做分类标记，由上到下写下标记，如最上面写“趣闻”，稍下一点写“评论”，再下一点写“说明”，同样的标记写在同样的位置，这样，翻阅寻找也还比较方便。

第四，做电子文档。

现在有了计算机和互联网，学生收集作文材料有了高速、高效的工具。学生可以从互联网上下载材料，每个材料做成一个 doc 文件或者 txt 文件。分类也十分方便，将文件放入文件夹，每个文件夹的命名就是分类标记。查找文件也十分迅速。本来，电子文件携带不方便，没有计算机便不能显现；现在有了电子图书和平板电脑，携带也十分方便了。

第五，写日记。

这是收集直接材料的办法。教师可以要求学生养成记日记的好习惯，并且用事例告诉学生怎样观察生活中的小事，告诉他们，有意注意和无意注意的效果大不一样，一定要时时有意注意身边各式各样的事情，把它们写在日记里。要经常督促他们写日记，不要因为功课忙就中断。检查学生记日记的情况时，教师不应该阅读学生的日记，可以让他们把日记在教师面前翻一翻。

学生积累了材料，不等于学生有了作文材料。要把积累在卡片、剪报、笔记本、电子文档、日记本中的材料变成学生作文的材料，还需要督促学生记住这些材料，经常检查学生识记材料的情况。如果学生没有记住材料，等于没有材料一样。好多教师教学生积累材料，学生的作文却没有进步，主要原因是学生没有记住材料的内容。“读书破万卷”的“破”字很能说明问题，只有读“破”才有效，才能“下笔如有神”；没有反复阅读、反复记忆的过程，达不到提高作文水平的目的。这一步千万不能忽视。有了材料并且熟悉材料，学生出手成章也就有保障了。

三、进行思维训练

在作文教学当中，一定要对学生进行形象思维训练和抽象思维训练。这也是许多教师的经验，应该好好总结这些经验，好好发扬现在作文教学的好传统。

第一，训练联想能力。

联想能力是由此及彼的能力，就是由这一件事想到另一件事，把两件事联系起来，说明它们的意义。如杨朔《荔枝蜜》，说蜜蜂酿造了甜美的蜜：“一开瓶子塞儿，就是那么一股甜香；调上半杯一喝，甜香里带着股清气，很有点鲜荔枝的味儿。喝着这样的好蜜，你会觉得生活都是甜的呢。”作者进行了联想：“透过荔枝树林，我望着远远的田野，那儿正有农民立在水田里，辛勤地分秧插秧。他们正用劳力建设自己的生活，实际也是在酿蜜——为自己，为别人，也为后世子孙酿造生活的蜜。”又如郭沫若的《天上的街市》，开头几句是：

远远的街灯明了，
好像闪着无数的明星。
天上的明星现了，

好像点着无数的街灯。

这也是联想，把“街灯”和“明星”联系在一起。阅读课里有大量联想的事例，可以培养学生的联想能力。

第二，训练类比的能力。

类比是把几件事情加以比较，找出它们的共同点。莫怀戚《散步》里有这样的几句：“母亲本不愿出来的。她老了，身体不好，走远一点就觉得很累。我说，正因为如此，才应该多走走。母亲信服地点点头，便去拿外套。她现在很听我的话，就像我小时候很听她的话一样。”这是对母子二人“听话”作了类比，比的结果是“一样”。

郭沫若的《天上的街市》，开头四句既是联想，也是暗中进行的类比，类比的结果是“明”了“现”了，也就是都“亮”了。课文里常常有类比的例子，阅读课中应该用来训练学生类比的能力。

第三，训练对比能力。

对比是把几件事情加以比较，找出它们的不同点。莫怀戚的《散步》就有对比，如：“后来发生了分歧：母亲要走大路，大路平顺；我的儿子要走小路，小路有意思。”“大路”和“小路”不一样，“母亲”和“我的儿子”的要求也不一样，这就有了对比，对比总是突出不同点。

朱自清的《背影》里，几句话有了两次对比：“他少年出外谋生，独立支持，做了许多大事。哪知老境却如此颓唐！他触目伤怀，自然情不能自已。情郁于中，自然要发之于外；家庭琐屑便往往触他之怒。他待我渐渐不同往日。但最近两年的不见，他终于忘却我的不好，只是惦记着我，惦记着我的儿子。”一是父亲少年做了许多大事和“老境却如此颓唐”的对比，一是父亲对“我渐渐不同往日”和“他终于忘却我的不好”的对比。这样的对比，是过去和眼前的对比。课文里对比的事例比比皆是，完全可以利用来训练学生对比的能力。

第四，训练概括能力。

概括，是由许许多多具体的事情，上升到一个集合或者概念、判断。例如鲁迅的《故乡》里描写了农村萧索、荒凉的景象，描写了闰土的变化，叙说了闰土的贫困生活，表现了杨二嫂贪小便宜等，这些情况都指向一个比较抽象的概念：农村的贫困破产。

我们前面多次说到课文分析是做无用功，但是，在总结课中概括中心思想、段落大意却不是无用功，那是很有用的概括思维训练。现在，一些文章反对语文课概括中心思想和段落大意，这恐怕是一种误解。

第五，训练归纳能力。

归纳能力是从两个或者两个以上的个别的思考对象当中找到共同点，由个别思考对象得出一般结论的能力。课文里到处都运用了归纳，如鲁迅的《故乡》里有这么几句：“母亲和我都叹息他的景况：多子，饥荒，苛税，兵，匪，官，绅，都苦得他像一个木偶人了。”这里面的归纳推理是“多子使闰土受苦，饥荒使闰土受苦，苛税使闰土受苦，兵使闰土受苦，匪使闰土受苦”等，所以这些都使闰土受苦，“都苦得他像一个木偶人了”便是结论。结论总是在最后。

归纳和概括不同。概括可以只有一个对象，归纳则至少有两个对象；概括可能上升到很抽象的概念或者道理，归纳则只是提取共同点，这共同点不一定很抽象。教师在课堂上常常说“归纳段意、归纳中心思想”，其实应该说“概括段意、概括中心思想”。

第六，训练演绎能力。

跟归纳相反，演绎是从一般到个别的推理，即从一般的道理推演到能够涵盖的一些个别事例。文学作品里的演绎不像在科技文章、政论文章那样具有严密的逻辑性和严格的演绎形式，文学作品里把结论放在前面，把能够涵盖的具体事例放在后面，就是文学作品的演绎。例如：“单是周围的短短的泥墙根一带，就有无限趣味。油蛉在这里低唱，蟋蟀们在这里弹琴。翻开断砖来，有时会遇见蜈蚣；还有斑蝥，倘若用手指按住它的脊梁，便会啪的一声，从后窍喷出一阵烟雾。何首乌藤和木莲藤缠络着，木莲有莲房一般的果实，何首乌有臃肿的根。……”这里的“单是周围的短短的泥墙根一带，就有无限趣味”是一般，“油蛉在这里低唱，蟋蟀们在这里弹琴”等是个别。

第七，训练求异能力。

求异思维是一种逆向思维或者异向思维，就是改变原来的思路，得到不同的认识。例如《散步》里，“母亲本不愿出来的。她老了，身体不好，走远一点就觉得很累。我说，正因为如此，才应该多走走”。这里的“身体不好，走远一点就觉得很累”是一般的情况，如果按照这条思路去思考，那就是不去散步；但是儿子的话“正因为如此，才应该多走走”便是逆向思维。课文里面，这种情况多得很。

再举一个例子，舒婷的《我儿子一家》里有这么几句：

妈妈的体质不好，怀孕时又吃了这么多苦头，所以我出生那天来了不少亲友看望她。姨姨从门缝窥见我被倒拎着，大喊：“是男孩！”爸爸颓然应声：“糟了！”姨姨气急：“我姐姐千辛万苦，哪怕养出个蟑螂来，你都该叫好极了！”

这里的“哪怕养出个蟑螂来，你都该叫好极了”就是异向思维。

作文材料多，思维训练进行得好，再加上汉语课进行了认真的语言文字训练，学生就可能出手成章。这就是出手成章的秘诀。

第六节 作文教学课堂“虚录”

进行作文教学，不仅要教会学生找“米”下锅，有时候还要给“米”下锅。我希望未来的作文教材，里面不仅讲述许多作文知识，也有丰富的作文材料，还能提供一些范文，供学生模仿。

假设未来的初中一年级作文教材有《寓言》这个单元——让初一学生写寓言，是完全可以做到的。这不是为了培养作家，只是为了训练学生的联想能力、概括能力、求异能力、类比能力、对比能力等，所以创作的要求要恰当，不能太高。

一、作文教材:《拉·封丹寓言》

狼与狗

一只骨瘦如柴的狼，因为狗总是跟它过不去，好久没有找到一口吃的了。

这天遇到了一只高大威猛但正巧迷了路的狗，狼真恨不得扑上去把它撕成碎片，但又寻思自己不是对手。于是狼满脸堆笑，向狗讨教生活之道，话中充满了恭维，诸如仁兄保养得好，显得年轻，真令人羡慕云云。

狗神气地说：“师傅领进门，修行靠个人，你要想过我这样的生活，就必须离开森林。你瞧瞧你那些同伴，都像你一样脏兮兮饿死鬼一样，生活没有一点保障，为了一口吃的都要与别人拼命。学我吧，包你不愁吃和喝。”

“那我可以做些什么呢？”狼疑惑地眨巴着眼问。

“你什么都不用做，只要摇尾乞怜，讨好主人，把讨吃要饭的人追咬得远远的，你就可以享用美味的残羹剩饭，还能够得到主人的许多额外奖赏。”

狼沉浸在这种幸福的体会中，不觉眼圈都有些湿润了，于是它跟着狗兴冲冲地上了路。路上，它发现狗脖子上有一圈皮上没有毛，就纳闷地问：

“这是怎么弄的？”

“没有什么！”

“真的没有什么？”

狗搪塞地说：“小事一桩。”

狼停下脚步：“到底是怎么回事？你给我说说。”

“很可能是拴我的皮圈把脖子上的毛磨掉了。”

“怎么！难道你是被主人拴着生活的，没有一点自由了吗？”狼惊讶地问。

“只要生活好，拴不拴又有什么关系呢？”

“这还没有关系？不自由，不如死。吃你这种饭，给我开一座金矿我也不干。”

说罢这话，饿狼扭头便跑了。

褡裢

有一天，神王朱庇特说：“所有动物听旨，如果谁对自己相貌形体有意见，今天可以提出来，我将想办法给予修正。”神王对猴子说：“猴子过来，你先说，你与他们比，觉得谁最美，你满意你的形象吗？”

猴子回答说：“我的四肢完美，相貌至今也无可挑剔，十分地满意。比较而言，我的熊老弟长相粗笨，它若相信我的话，这辈子恐怕是不愿看见自己的模样了。”

这时，熊蹒跚地走上前来，大伙以为它会承认自己相貌不扬，谁知它却吹嘘自己外表，同时又在评论大象，说是尾巴太短，耳朵又太大，身体蠢笨得简直没有美感可言。

老实的大象听了此番话，言辞恳切地回答："以我的审美观来看问题，海中的鲸要比我肥胖多了。"

这时细小的蚂蚁抢着说：微生物是那么的小，和它们比，我可是一个巨人。

这些动物在宫中互相指责，却没有一个肯说自己的不是之处，神王朱庇特只好挥手让它们退下。

正像这些动物一样，我们人在这一点上表现得更加突出，看别人的表现，鸡蛋里能挑出骨头；看自己则是再丑也是自己好。我们容忍自己却不会宽容别人，就像戴上了一副变色镜。好比万能的造物主给我们每人做了个装东西的褡裢，古往今来，人们总是习惯把自己的缺点藏在褡裢后面的口袋里，而把前面的口袋留着装别人的缺点。

唤来死神

一个疲惫的砍柴人，背负着一大捆柴。他不堪岁月和柴木的重负，呻吟着挪动那沉重的脚步，弯着腰朝山下低矮的小屋走去。他终于走不动了，痛苦之中放下柴木，想起了自己走过的坎坷人生：

从降生到这个世界他就不曾有过幸福，恐怕世界上找不到比他更痛苦的人了。经常是吃了上顿愁下顿，整日为糊口奔忙。老婆孩子、苛捐杂税，没完没了的痛苦……闭上眼，一幅幅惨不忍睹的场景就会在脑海中浮现。砍柴人跪下来呼救死神，死神马上赶来了，问砍柴人需要得到什么帮助。

"请你帮我抬起这捆柴，放到我背上，我想不会占用您多少时间。"砍柴人用足气力说。

死亡本可一了百了，但砍柴人宁可受罪也不愿去死，这难道不能给遭受痛苦和挫折的人一点启示吗？

狮子与牛虻

“滚蛋！你这不足挂齿的小虫！”这一天，狮子发怒地对着牛虻吼道。

牛虻被激怒了，向它发起了袭击。

“你以为你号称是百兽之王我就会怕你吗？蛮牛比你有力气都任由我摆布。”说着话牛虻扑扇着翅膀，发出嗡嗡声，然后摆开架式，对准狮子的脖子一头扎了下去。狮子气得发疯，它四爪乱舞，眼露凶光，唾沫四溅，声声怒吼，把百兽吓得魂不附体，逃之夭夭。一只小小的牛虻竟弄得大家不得安宁。

小小牛虻战了百十个回合，狮子浑身上下就连鼻孔都遭受到袭击，它真是怒火万丈，用尖牙利爪把自己撕咬得遍体鳞伤，用尾巴抽打着它的身体山响，可每一下都扑了空。愤怒疲惫之狮终于无力地瘫倒在地。此时，小小的牛虻高兴地笑了，它鸣金收兵，凯旋回朝。

一路上，牛虻到处夸耀自己的战果，却不料蜘蛛张网以待断送了它的性命。由此得知：最可怕的敌人是轻敌思想，能够战胜强大对手的人，往往会因小小的失误葬送自己的前程。

鸽子与蚂蚁

一只鸽子在一条清澈的小溪边饮水，看见有只蚂蚁不慎踩空掉入水中。对蚂蚁来说，小溪也是汪洋大海，它在水中拼命挣扎扑腾，想爬上岸去但不能如愿。鸽子见状友好地衔来一根草投入水中，蚂蚁因爬上这块“绿洲”而得救了。

与此同时，一个光着脚的农民从溪边路过，手中正好拿着一把弓箭。他一眼看到鸽子，喜不自禁认为有了一顿美餐。当他搭上弓瞄准鸽子时，蚂蚁见状在他的脚后跟上狠狠咬了一口，在农民分神看脚之时，鸽子觉察到危险，扑闪着翅膀飞跑了，农民的美梦也泡了汤。

公鸡和狐狸

一只老谋深算的年长公鸡，飞到树杈上瞭望。“老弟，”一只狐狸走过来，和颜悦色地说，“我们要停止对抗，从现在起实现全面的和平。我是来传送这个好消息的，快下来吧，让我们彼此拥抱庆贺。今天我还要跑20个地方去报告这个消息呢。你和你的同伴尽管开心地寻找乐子，而我将为你们效劳，今晚起大家可尽兴狂欢，但请首先接受我深情的一吻吧。”

“朋友，”公鸡答话道，“从来没有比和平更美好的字眼了，尤其是能从您嘴里听到，更让我欣喜若狂。我现在看到有两只猎狗正朝这里跑来，它们肯定也是报告和平消息的信使，它们跑得飞快，不一会儿就会来到树下，我马上就下来，大家好亲吻拥抱。”

“再见吧！”狐狸慌张地说，“我现在要赶长路，还是留着下次来庆贺这一消息吧。”说话间这狡猾的家伙撒腿就跑了，真是又气又恼。

老公鸡站在树杈上，瞅着狐狸气急败坏的模样，开怀大笑不止。能使骗子中计，还有什么比这更让人高兴的呢？

伪装成牧羊人的狼

有只狼由于难得逮着附近的羊，决定要改变一下自己的模样，好好学一下狐狸的伎俩。

这会儿，它穿上牧羊人的服装，套上坎肩，找了根木棍做牧杖，为了装得更像，没忘带上牧羊人的笛子，并在帽子上写上：“我是居约，是这群羊的放牧人。”它学着用前爪抓着牧杖，蹑手蹑脚地靠近了羊群。真正的牧羊人居约则正躺在草地上小憩。他的狗、大多数羊和他的笛子都没有发出一点声音，好像都进入了梦乡。

为了把一些羊赶到密林之中，伪装的狼学着居约的声音加上几声吆喝，谁知这一下露了馅，狼的嗥叫根本不像牧羊人的声音，大家都被这丑陋的声音惊醒。人人喊打，可怜的狼被自己的装束绊倒，只等着束手就擒。

骗子总不会伪装长久，狼就是狼，正所谓万变不离其宗。

酒鬼和老婆

俗话说，江山易改，本性难移。

有个酒鬼因贪杯使家境受到很大的影响，人到中年就把家财喝了个精光。

这天，他又喝得酩酊大醉，他的老婆气不过便把他扔进了乱坟岗。待他昏睡很久醒来一看：咦？四周怎么都是陪葬品，我什么时候来到了坟地？

“哦！”他摸摸脑门，瞅着这些东西，“我的老婆十有八九成了寡妇！”

他的老婆这时正身着鬼魂的衣服，戴着狰狞的面具，拿腔拿调走到酒刚醒的丈夫面前，端上一碗给死鬼的热汤，把个酒鬼吓得灵魂出窍。

“你是谁？”他问道。

“我是阴曹地府中管吃喝的。”她答道，“我是专门给你们这些死鬼送饮食的。”

酒鬼听说马上接语道：“行行好，你能不能带点酒给我喝啊？”

仓库里的黄鼠狼

大病初愈的黄鼠狼小姐，瘦弱得像一根豆角。它从一个小小的墙洞钻进了一个仓库，在这里生活无忧无虑，不愁吃穿，肥肉管饱。眨眼工夫它已是肥头大耳，大腹便便了。

一个星期过去了，打着饱嗝的黄鼠狼听到了危险的声响，它急忙回到原洞，想逃出去，但洞太小，根本钻不过去。慌乱中，它以为弄错了地方，转着磨说道：“不会错的，这洞是我一周前进来的通道，要是出不去，肯定会被逮住的啊。”一只老鼠见它纳闷，忙上前告知：“刚来时你肚子平平，出入方便，如今要出去，只能节食减肥。你当初要是居安思危，就不会有今天的危险了。”

牧羊人与海

一位住在大海边上的牧羊人，靠放羊为生。他虽然清贫，但无忧无虑，生活稳定。可后来他被卸在码头上的货物所吸引，于是卖掉了羊群，把钱用来作海运买卖。不走运的是货船遇难，使他血本无归。不得已只得重操旧业。他没有了过去的悠闲生活，只好拼命干活。经过一段时间的积攒，他又买来了几只羊。这一天风平浪静，一只货船平安地靠了岸。“噢，大海，你又诱惑我向水中扔钱了，”牧羊人喊道，“你骗得了别人，可再不会使我上当。”

这不是一个杜撰的故事，它来自生活。经验告诉我们，宁赚一毛实在钱，不要五角风险金。我们要立足于本职，面对财富的诱惑能够不为所动。也许个别人投机取巧能获成功，但大部分人常常是悔恨不已。大海确实是淘金之地，但你知道，随之而来的是狂风和海盗。

驴子与小狗

对自己的本性决不能勉为其难。即使刻意修饰也无济于事。

“为什么，”驴子琢磨，“这只狗就因为生性乖巧，便和主人全家朝夕为伍，同样是家畜，对它是笑脸，对我则是棍棒！它一天做了什么？伸伸小腿，人们就马上给予亲吻。为了让主人高兴，我是否也如此这般？这是很容易办到的。”驴子憧憬在美好的想象中。当驴子看到主人精神愉快时，便呆头呆脑地走上前去，抬起一只丑陋的前蹄，满含情意地伸给主人，同时自认为动听地吼叫起来。

“哎呀，你也来套近乎，这唱的算哪一出？”主人断喝道，“快拿棍子来！”看到挥舞着的棍子，驴子马上不作声了。

青蛙和老鼠

“以害人开始，以害己告终。”这话虽流传久远，但迄今仍充满了生命力。

一只老鼠饱食终日，长得肥硕丰满，从来不知道要在什么时候忌口。一次它在水泽地旁嬉戏，一只青蛙蹦过来对它说：

“请赏光到我家，我请您吃上一顿大餐。”

老鼠愉快地接受了邀请，于是乎青蛙便口若悬河般地讲起它们游泳的快乐，旅行的趣味，以及沼泽地里发生的各种各样的奇闻轶事，大概是想让老鼠今后有资本给其儿孙讲沼泽地的风土人情，人文景观吧。

但老鼠边听边犯愁，因为它不大会游泳，得经人帮助，否则难以成行。青蛙赶紧替它想了个办法：它让老鼠把爪子绑在自己的后脚上，用灯芯草死死捆住。

一进沼泽地，青蛙就使劲把老鼠往水里拽。它的做法确实是缺德之举，它正打着如意算盘，肥老鼠真是一道美味的菜，大吃大嚼可真过瘾。在想象中青蛙这坏小子已把老鼠嚼得嘎吱直响。老鼠此时祈祷上苍保佑自己，而青蛙却嘲笑它胆太小，并拼命地把它往水中拉。就在老鼠奋力挣扎的时候，一只老鹰在天空盘旋觅食，正巧看到了肥硕的老鼠，便俯冲下来把老鼠抓住了。因为灯芯草捆着老鼠和青蛙，所以老鹰一下子捕获到两份猎物，心里甭提有多么的高兴，晚餐可就丰盛了。

算计别人最后反而害了自己，阴谋者搬起石头砸了自己的脚。

掉在井里的狐狸和公山羊

一只狐狸失足掉到了井里，不论他如何挣扎仍没法爬上去，只好待在那里。公山羊觉得口渴极了，来到这井边，看见狐狸在井下，便问他井水好不好喝？狐狸觉得机会来了，心中暗喜，马上镇静下来，极力赞美井水好喝，说这水是天下第一泉，清甜爽口，并劝山羊赶快下来，与他痛饮。山羊一心只想喝水，信以为真，便不假思索地跳了下去，当他咕咚咕咚痛饮完后，就不得不与狐狸一起共商上井的办法。狐狸早有准备，他狡猾地说："我倒有一个方法。你用前脚扒在井墙上，再把角竖直了，我从你后背跳上井去，再拉你上来，我们就都得救了。"公山羊同意了他的提议，狐狸踩着他的后脚，跳到他背上，然后再从角上用力一跳，跳出了井口。狐狸上去以后，准备独自逃离。公山羊指责狐狸不信守诺言。狐狸回过头对公山羊说："喂，朋友，你的头脑如果像你的胡须那样完美，你就不至于在没看清出口之前就盲目地跳下去。"

这故事说明，聪明的人应当事先考虑清楚事情的结果，然后才去做。

徒劳的寒鸦

宙斯想要为鸟类立一个王，指定一个日期，要求众鸟全都按时出席，以便选他们之中最美丽的为王。众鸟都跑到河里去梳洗打扮。寒鸦知道自己没一处漂亮，便来到河边，捡起众鸟脱落下的羽毛，小心翼翼地全插在自己身上，再用胶粘住。指定的日期到了，所有的鸟都一齐来到宙斯面前。宙斯一眼就看见花花绿绿的寒鸦，在众鸟之中显得格外漂亮，准备立他为王。众鸟十分气愤，纷纷从寒鸦身上拔下本属于自己的羽毛。于是，寒鸦身上美丽的羽毛一下全没了，又变成了一只丑陋的寒鸦了。

这故事是说，借助别人的东西可以得到美的假象，但那本不属于自己的东西被剥离时，就会原形毕露。

二、作文课的课堂“虚录”

初中一年级，一课时。

师：今天我们学习寓言，准备创作寓言。请大家把 14 则《拉·封丹寓言》默读一次，并且记住寓言的内容。读完以后，我要让你们用自己的话复述寓言的内容。

（学生阅读）

师：阅读完了，现在，再记忆一次，自己默默地想一想寓言的内容。

（学生继续阅读、默记）

师：请一位同学复述《狼与狗》。

生 1：狼没有饭吃，骨瘦如柴，见到一只狗，狗说它不用为吃喝发愁，要带狼到它的主人那里去。后来狼发现狗的脖子上的毛磨掉了，知道狗失去了自由，便离开了狗。

师：这个寓言说明了什么问题？

生 2：“不自由，不如死”。

师：这是作者概括出来的。有一则寓言，作者没有概括它的意义，是哪一则？请你帮助作者概括一下。

生3：是《鸽子和蚂蚁》，概括的意思是“帮助了别人，也是帮助自己”。

师：概括的话，有的放在前面，有的放在最后。好，下面请大家归纳一下寓言的特点。归纳，就是找共同点，这些寓言有哪些共同点呢？

生4：多数是用动物来说话，少数有人的参与。

生5：都用一个简短的故事，说明一个深刻的道理。

生6：说的道理，往往是劝告人们注意什么，警惕什么。

生7：每篇都有一个故事，这些故事都是虚拟的。

师：很好。（板书：寓言是用一个简短的虚拟故事，说明一个劝诫人们的深刻道理的文学作品。）怎么写寓言呢？要先想好一个道理，比方说“不要骄傲”“不要贪财”“干什么事情都要付出艰苦的劳动”等。然后你再编虚拟的故事去说明这个道理。我们试一试。现在，中国改革开放取得了巨大成就，国家发生了翻天覆地的变化，可是，国外一些媒体天天说中国这不好，那不好，你能根据这个事实，概括出一个道理吗？

生8：这是戴着有色眼镜看问题，看不清事实的真相。

生9：老希望别人落后，自己也进步不了。

生10：嫉妒别人的成绩，会使自己落后。

生11：不管别人怎么说，我们应该走自己的路。

生12：别人说我们不好，也别全当作耳旁风。

师：好了好了，还有好些同学举手，时间有限就不说了。大家的联想能力非常好，一下子想到了那么多。那么，根据这些道理，你们能够创作一则寓言吗？

（学生思考）

生13：一只非常会唱歌的夜莺飞到了池塘边，唱了一曲十分动听的歌子，兔子、小猫、大狗、野鸭都鼓掌为它叫好，要夜莺再唱一个。池塘里的一只蛤蟆摇摇头，说：“夜莺有什么了不起！我唱得比它好听多了，不信，你们听：嘎！嘎！”（学生大笑）看不到别人优点的人，一定看不到自己的缺点。

生 14：每年举行的动物运动会上，金钱豹总是拿到万米赛跑的第一名，引起了狐狸和狼的嫉妒。狐狸说："金钱豹一定是偷吃了我的食物，有了力气，才跑得那么快。"狼点点头表示赞同，说："金钱豹肯定贿赂了裁判，裁判实际上是'财判'，收了钱财，才判决金钱豹第一名。"说别人有什么缺点，总能找到理由。

生 15：美国人约翰逊和中国人张晓明是在康奈尔大学学习时的同学，毕业以后，他们成了朋友。有一次，约翰逊到中国办事，顺便去张晓明家探望张晓明。正巧，张晓明的妻子生了一个胖儿子，全家都非常高兴，约翰逊却摇头，说："这个孩子长得一点儿也不像我，有什么好？（学生大笑）我的长相才是最好的、标准的。"（学生笑）不要以为自己一切都好，别人一切都不好。

师：大家说得真好。我们初一的同学完全有能力创作寓言。今天是星期五，回家以后，要再读一读这些寓言，想一想怎么创作寓言。请大家用计算机写，注意不要写别字，多检查几遍。写好以后，下星期三都输入到我的计算机上，给我发 Email（邮件）也行，用 U 盘输入也行。下个星期五上作文课，我把全班的寓言都放映出来，让大家朗读自己的寓言，大家来评选最好的寓言。好不好？

生：好！

师：下课。